成功是陡峭的階梯，兩手插在口袋裡是爬不上去的！
想要成功，你需要朋友；想要非常成功，你需要敵人。

成功的哲學

方東野　著

前言

PREFACE

不知大家是否注意到，在人的一生中，總是存在著兩套相互截然不同、卻又分不出孰是孰非的行為規範。比如有人說：「事無不可對人言」，也有人說：「見人只說三分話」；有人「咬定青山不放鬆」十分積極，也有人「凡事都是天註定」典型的消極不長進；有人「兼濟天下」，也有人「獨善其身」……等等。

不僅在思想和認識層面上是這樣，就是在歷史事實中，也存在著一種令人看不透的現象：好人不長命，壞人壞事做絕卻平安無事；忠臣常遭殺戮，佞臣卻是飛黃騰達；耿直者處處碰牆老是挫折，可是投機者卻暢通無阻一路綠燈。而且，歷史上的君王，儘管表面和顏悅色，只要被忤逆了就會露出凶狠無情的一面。秦始皇，既有「一統華夏」、「萬里長城」等豐功偉績，也有「焚書坑儒」、「罪輕刑重」大肆殺伐等殘酷行徑；漢武帝，既有北擊匈奴、安民生息的壯舉，也有寵信奸佞、殺妻滅子的昏庸。

翻開二十四史，處處可見這樣截然矛盾的行為集中於一個人身上，使我們備感困惑，又促使我們思考：我們到底應該怎樣確定我們的行為規範？好人與壞人的分際到底在哪裡？

李宗吾晚年說了這樣一段話：「後來我才悟得：厚黑二字，確是成功祕訣，而為辦事上之必要技術。用此種技術，以圖謀一己之私利，我們名之曰厚，曰黑；用此種技術，以圖謀眾人之公利，則厚字即成為『忍辱負重』，黑字即成為『剛毅果斷』。自古聖賢豪傑，皆忍辱負重者也，皆剛毅果斷者也。假令我當日悟得此理，一眼注定眾人公利，放手做去，舉世非之而不顧，豈不成了轟轟烈烈的偉人？無奈悟得時，年已老矣，機會已過矣，回想生平，追悔莫及，只好著書立說，將此祕訣傳之於人。」

李宗吾的看法有一定的道理，但也存有一個誤區：英雄豪傑必然「厚黑」；「厚黑」者不一定盡屬英雄豪傑。

李宗吾有李宗吾的道理，反駁者有反駁者的道理。那麼，我們到底應該怎樣處世為人？應該遵循什麼樣的行為規範？

其實，古代的歷史對此問題早有論述。韓非子就提出過法和術的概念。法，就是天地自然之法，道德正宗，大家都要遵守，是公之於眾的東西；術，是辦事的技巧，個人行事的方式和過程中的變通。他這是提出一個大家都同意的目標，而後以一切手段和技巧去達成。

後來又有西方的馬基維利，明確了目標與手段的分離，為了達成目標，可以不擇手段。這就承認了目的與手段在道德層面上的背離。馬克思的辯證法，對此更做出邏輯上的解釋：事物的矛盾推動事物的發展。沒有矛盾，就沒有世界。矛盾的各方面既互相對立，又互相統一。

由此，我們不難看到，上述兩種行為規範，本身就是對立統一，互為存在的前提。它們之間的矛盾，決定了一個人的進步，一個社會的發展。無論誰想拋開一個，信奉另一個，都會碰得頭破血流。正確的態度只能是根據客觀情況的變化而變化……

兩種行為規範，無所謂絕對的對錯，它們在一定的條件下，會互相轉化到另一方。如善可以轉化為惡，戰爭可以轉化為和平，卑鄙可以轉化為偉大，英雄可以轉化為小人，等等。

李宗吾的厚黑學，絕非教人厚臉黑心，都做些投機取巧的事，而是有其更深的一層意思在裡面，即：把握人性，靈活變通。

本書從研究李宗吾的「厚黑」理論入手，擷取古代豐富的歷史事典加以說明，無非是告訴讀者諸君，如何更準確地瞭解人性和把握人性，只要抓得住人性，天下就沒什麼困難了。歷史說穿了，就是一部活生生的人性厚黑學。

目錄 CONTENTS

ch.3 隨機應變，小心能駛百年船

ch.4 你眼中所看到的，不一定是真實

ch.5 知進退之道，就是成功之道

ch.6 當斷則斷，才能成大事

第1章
學會忍耐，你離成功就近了

厚與黑，是一物體之二面，厚者可以變而為黑，黑者亦可變而為厚。朱子曰：「老氏之學最忍。」他以一個忍字總括厚黑二者，忍於己之謂厚，忍於人之謂黑。忍於己，故閉時虛無卑弱；忍於人，故發出來，教你支格不住。張子房替老人取履，階而納之，此忍於己也；嶢關鴻溝，敗盟棄約，置人於死，此忍於人也。觀此則知厚黑同源，二者可以互相為變。

——李宗吾

1 隱忍而不露痕跡

「隱忍」二字，非常人所能做到；隱忍而不露痕跡，尤不容易。宋文帝初即位時，強臣環逼，處置不當，立有生死之虞，故隱忍以待將來。後其羽翼漸豐，始布置行動，速報殺兄之仇。

南朝劉宋王朝的開國皇帝宋武帝劉裕臨死前托孤於司空徐羨之、中書令傅亮、領軍將軍謝晦、鎮北將軍檀道濟；並告誡太子劉義符，這些人中，最難駕馭的是謝晦，對他應多加小心。

劉裕是有作為、有識見的開國皇帝。不幸的是，一沒選好繼承人，二沒有正確估計這幾位顧命大臣。

劉裕死後，其長子劉義符即皇帝位，史稱營陽王。

劉裕的次子名義真，官南豫州刺史，封廬陵王。

劉裕的第三個兒子名義隆，封宜都王；即後來的宋文帝。

劉義符即位後，不遵禮法，行為荒誕得令人啼笑皆非。

徐羨之在劉義符即位兩年後，有意廢掉劉義符，另立皇帝。按劉義符的行為，廢掉他是理所應當。但徐羨之等人因懷有私心，貪權戀位，竟把事情做絕，伏下了殺身之禍。

要廢掉劉義符，就得有個人來接替皇帝的班。照順序，該是劉義真。但劉義真和謝靈運等人交好，謝靈運則是徐羨之的政敵。為了不讓劉義真當上皇帝，徐羨之等人挖空心思，先借劉義符的手，將劉義真廢為庶人。

接著，徐羨之、傅亮、謝晦、檀道濟、王弘五人合力，發動武裝政變，廢掉了劉義符，以皇太后的名義，貶之為營陽王。更糟糕的是，還沒等新皇帝即位，徐羨之和謝晦竟然設謀將劉義符、義真先後殺死。

他們擁立的新皇帝是劉義隆。從而，劉義隆面臨的是控制朝廷大權，殺死自己的兩個哥哥的幾個主凶。

新皇帝當時正在江陵郡（治所在今湖北荊州），徐羨之派傅亮等人前往迎駕。徐羨之這時又藏了個心眼，恐怕新皇帝即位後將鎮守荊州重鎮的官位給了他人，趕緊以朝廷的名義，任命謝晦做荊州刺史、行都督荊湘七州諸軍事，想用謝晦做自己的外援，將精兵舊將全都分配給了謝晦。

劉義隆面臨著是否回京城做皇帝的選擇。聽到營陽王、廬陵王被殺的消息，他的部下不少人勸他不要回到吉凶莫測的京城。只有他的司馬王華精闢中肯地分析了當時的形勢，認為徐羨之、謝晦等人不會馬上造反，只因怕廬陵王為人精明嚴苛，將來會算舊帳，才將他殺死。現在他們以禮相迎，正是為了討新帝歡心。況且徐羨之等五人同功並位，誰也不肯讓誰，就是有誰心懷不軌，也會因其他人掣肘，不敢付諸行動。

於是，劉義隆帶著自己的屬官和衛兵出發前往建康，果然順利坐上帝座。但朝廷實權仍在徐羨之等人手中。

劉義隆先升徐等人的官：徐羨之進位司徒；王弘進位司空；傅亮加「開府儀同三司」，享受和徐羨之、王弘相同的待遇；謝晦進號衛將軍；檀道濟進號征北將軍。其後，又認可徐羨之任命的謝晦做荊州刺史。謝晦還害怕劉義隆不讓他離京赴任。但劉義隆若無其事，放他出京赴荊州。謝晦離開建康時，以為從此算是沒有危險了，回望石頭城說：「今得脫矣！」

劉義隆當然也不動聲色地安排了自己的親信。官位雖不高，但侍中、將軍、領將軍等重要職位都由他的親信充任，從而穩定了自己的帝位。

第二年，即宋文帝元亮二年（公元四二五年）正月，徐羨之、傅亮上表歸政，即將朝政大事交由文帝處理。徐羨之本人走了一著請求離職回府養老的形式，但幾位朝臣認為，這樣不妥，徐羨之又留了下。後人評論，認為那幾位主張挽留徐羨之繼續做官的人，實際上加速了徐羨之的死亡。

當初發動政變的五個人中，王弘一直表示自己沒有資格做司空，推讓了一年，劉義隆才准他不做司空，只做車騎大將軍、開府儀同三司。

直到這一年年底，文帝才準備鏟除徐羨之等人。因懼怕在荊州擁兵的謝晦造反，他先聲言準備北伐魏國，調兵遣將。在朝中的傅亮察覺出事情不對頭，寫信給謝晦通風報信。

宋文帝元嘉三年（四二六年）正月，劉義隆在動手之前，先通報情況給王弘，又召回檀道濟，認為這兩個人當初雖附和過徐羨之，但沒有參與殺害劉義符、劉義真的事，應區別對待，並要利用檀道濟炎兵去征討準備在荊州叛亂的謝晦。

正月丙寅（2月8日），劉義隆準備就緒之後，發布詔書，治徐羨之、傅亮擅殺兩位皇兄之罪；同時宣布對付可能叛亂的謝晦的軍事措施。

就在這一天，徐羨之逃到建康城外二里一個叫新林的地方，在一陶窯中自縊而死。傅亮也被捕處死。謝晦舉兵造反，先小勝而後大敗，逃亡路上被活捉，處死。

宋文帝劉義隆在位近三十年，是個有作為的皇帝，史稱「元嘉之治」。

2 是龍得盤著；是虎得臥著

待時而動，是很多人都懂得的道理，但不喪失一切可能的機會，把握火候，才是衡量人的能力大小高低的標誌。北齊開國皇帝高洋在未發跡前，「藏龍臥虎」，韜晦自貶，很是體現了野心家的「風采」。

「大賢虎變愚不測，當年頗似尋常人。」詩人李白對歷史上一些志存高遠，心懷叵測的野心家、陰謀家的韜晦奸術，曾經發出這樣的感慨。高洋在未發跡前，就以「是龍，得盤著；是虎，得臥著」尋求自保，韜晦自貶，待時而動，終得以成功。

高洋是在他的長兄高澄被殺，形勢極端複雜的情況下顯露出才華的。北齊政權的基業是由高歡開創。高歡本是東魏大臣，在鎮壓爾朱榮殘餘勢力中掌握了東魏的實權，專朝政長達16年之久。高歡死後，長子高澄繼位。高澄心毒手狠，猜忌刻薄，上無禮君之意，下無愛弟之情。高洋當時18歲，已通曉政事。他知道如果他精明強幹，才華外露，必然受到乃兄的猜忌，也會引起屬下的注意。

高歡死，高澄襲爵為渤海文襄王。因高洋年已長，澄陰有戒心。高洋「深自晦匿，言不出口，常自貶退。與澄言，無不順從。」這給人一種軟弱無能的印象。高澄有些瞧不起他，常對人說：「這樣的人也能得到富貴，相書該怎麼解釋呢？」

高洋之妻李氏貌美，高洋為妻子購買首飾服玩，稍有好一點的，高澄就派人去要。李氏很生氣，不願給。高洋卻說：「這些東西並不難求，兄長需要怎能不給？」高澄聽聞，也覺得不好意思，以後就不去索取了。有時，高澄還給高洋家送些東西，高洋也照收不誤，絕不虛情掩飾。因此，兄弟間相處還相安無事。

每次退朝還宅，高洋就關上宅院之門，深居獨坐，對妻子亦很少言談，竟能終日不發一言。高興時，光著腳奔跑跳躍。李氏看到，詫異地問他在幹什麼。高洋笑著說：「沒啥事兒，逗你玩的！」其實，他終日不言談，是怕言多有失。如此跑跳更有深意，一則可以徹底使政敵放鬆對自己的警惕。一個經常在家逗媳婦玩的人，能有什麼大志？二則藉經常光腳跑跳之機，鍛鍊身體，磨練意志。一種舉動而收幾種效果。果然，高澄及文武公卿等都因此把他看成一個癡人，絲毫沒有放在眼中。

東魏武定七年（公元五四九年），渤海文襄王高澄在與幾人密謀篡位自立時，被膳奴（負責做飯進餐）的蘭京所殺。重要謀士陳元康以身掩護高澄，身負重傷，腸子都流了出來。當時事起倉促，高府內外十分震驚。高洋正在城東雙堂，聽說變起，高澄已被殺，顏色不變，毫不驚慌，忙調集家中可指揮的武裝力量前去討賊。他部署得當，有條不紊。蘭京等幾人本是烏合之眾，出於氣憤，才殺死高澄，並沒有任何預謀的政治目的，故不堪一擊，片刻之間全部被捕，斬首。

高洋下令，臠剖其屍以泄殺兄之忿。接著，就在其兄府中辦公，召集內外知情人訓話，說膳奴造反，大將軍受傷，但傷勢不重，對外不准走漏任何消息。眾人聽了，都大驚失色。想不到這位癡人在危急時刻來這麼一手。夜裡，陳元康斷氣而亡。高洋命人在後院僻靜處挖個坑埋掉，詐言他奉命出使，並虛授一個中書令的官銜給他。高澄手握大權，高歡的許多宿將都鐵心保高氏，但當時尚屬意高澄而未注意到高洋。所以，高洋的這些應急措施果然奏效。外人都不知高澄已死，更不知高澄的重要謀士陳元康也被埋在土裡，所以馬上穩住了局面。

高洋直接控制了高澄的府第和鄴都的武裝力量之後，當夜又召大將軍太原都護唐巴，命他分派軍隊，迅速控制各要害部門並鎮守四方。高澄的宿將故吏都傾心佩服高洋的處事果斷和用人得當，人心大悅，真心擁護並輔佐。

高澄已死的消息漸漸被東魏主知道了，暗自高興，私下裡和左右倖臣說：「大將軍（指高澄）已死，好像是天意，威權應當復歸帝室了。」高洋左右的人認為重兵都在晉陽，勸高洋早日去晉陽，全部接管高歡及高澄的武裝力量，方可真正無憂。高洋以為有理，遂安排好心腹控制住鄴都的整個局面。

甲午日，高洋進朝面君，帶領八千名全副武裝的甲士進入昭陽殿，隨同登階的就有二百多人，都手持利刃，如臨大敵。東魏孝靜帝元善一看這種陣仗，心中恐懼。高洋只叩兩個頭，對魏主說：「臣有家事，須詣晉陽。」然後下殿轉身就走，隨從保衛也跟著揚長而去。

晉陽的老將宿臣素來輕視高洋，當時尚不知高澄死信。高洋到晉陽後，立刻召集全體文武官員開會。會上，他英姿勃發，侃侃而談，分析事理，處理事情，全都恰如其分，且才思敏捷，口齒流利，與往常判若兩人。文武百官皆大驚失色，刮目相看而傾心擁戴。待一切就緒，高洋才返回鄴都，為高澄發喪。

高洋早有代魏稱帝的想法，一直在窺測風向。但他絕不明目張膽，死打硬拚，或拉幫結派，打擊異己。這樣做，民憤大、目標大，容易為人所制。為此，他善於韜晦，知進知退。平日裡自貶自謙，與兄長融洽相處。但其居安思危，養尊處優時不忘鍛鍊自己，且能注意時局之變化，注意人才，確是有心計之人。高澄之死，他臨事不慌，祕不發喪，很快控制了局面。看他隱祕陳元康之死而虛授中書令之職的做法，可見他有識人之明。高澄死後不到三天，他便果斷地前往晉陽先聲奪人，真正控制高澄的全部武裝力量，可見其善謀而能斷。

半年後，高洋於梁簡文帝大寶元年（五五〇年）建立了北齊政權。

3 一忍再忍，忍得霸業

春秋五霸中，晉文公是最獨特的一個。他即位於多事之秋，受命於危難之際，但他明察世事，洞燭幽微，六十多歲時當政，短短幾年內就使晉國強盛起來。

他之所以能夠迅速取得這樣的成就，主要得益於他那曲折豐富的人生經歷。他最大的特點是能以退為進。第一次以退為進是為避禍在外逃了19年，後來終於回國當了國君；第二次以退為進是在與楚進行城濮之戰時退避三舍，終於贏得了戰役的勝利，確立了他霸主的地位。這種靠以退為進而成就千秋霸業的事例，在中國歷史上恐怕絕無僅有。但這種在被動或主動的情勢中都自覺使用的策略卻成為中國政治運營術中一個不可忽視的傳統。

文公的父親晉獻公「唯夫人之言是聽」，致寵妾驪姬為了立自己的親生兒子奚齊為太子，先是害死了太子申生，接著又逼走了重耳和夷吾。

獻公病死，奚齊即位。然而，大臣里克和邳鄭父卻在吊孝時把11歲的奚齊殺了，擁立奚齊的大臣荀息為報答獻公的知遇之恩，又立卓子為國君。里克又殺了卓子和荀息。這樣，獻公的五個兒子，死了三個，跑了兩個，晉國成了一個沒人管的國家。

秦穆公的夫人是太子申生的妹妹，她怕父母之邦滅亡，就天天催促穆公幫助晉國速立新君。穆公極有心計，他想試探夷吾和重耳哪一個更合適，就派公子縶去向這兩位公子吊孝。

公子縶先去狄國慰問重耳，對他說：「現在晉國無君，你應趕快回去即位。去晚了，就會被夷吾搶去了。」重耳流著淚說：「父親去世了，做人子的悲傷還來不及，哪能丟先人的臉呢？」他謝絕了秦國的好意。

公子縶又去見夷吾。夷吾沒有流淚，卻說：「敝國大臣里克和邳鄭父答應幫我，事成後，我會分別給他們上等田一百萬畝和七十萬畝。貴國如能幫我，我願把河外五座城當作謝禮。」

公子縶回去，對穆公描述了這番狀況。大家一致認為重耳賢良，如立夷吾為君，他一定會把國家弄糟，秦國就可從中撈到好處。恰巧齊桓公也願立夷吾為君，秦、齊兩國就共同出兵送夷吾回國即位，是為晉惠公。

夷吾果然十分狡詐、殘忍。他先殺了大臣里克，又殺了邳鄭父等十多人。在安定了內部之後，他認為重耳在外總是一個心腹大患，就派閹人勃鞮去刺殺重耳。

重耳在狄國住了十二年，晉國好幾個有才能的人也跟著他，著名的有狐毛、狐偃、趙衰、胥臣、狐射姑、先軫、介子推、顛頡等人。他們大都在狄國娶妻生子，看樣子要長期住下去。

一天，狐毛、狐偃接到了在晉國做大臣的父親狐突的信，說是大力士勃鞮三天內就會來刺殺重耳。重耳聽後，急令從人拾掇東西，準備逃走。他對妻子季隗說：「如果過了二十五年我不來接你，你就改嫁吧！」季隗回答：「好男兒志在四方，你就走吧！我現在已經二十五歲，再過二十五年，就是五十歲的老太婆，想嫁也沒人要。你不必擔心，儘管走吧！我等你。」

重耳正要啟程，忽報勃鞮提前一天趕來。重耳十分驚慌，轉身就逃。等他的臣下跟上，卻發現掌管行李的人攜物逃走，害得一行人狼狽不堪，不得不到處求乞。

他們準備到齊國去。但去齊國，必須先經過衛國。衛國當初造楚丘時，晉國沒有幫忙，衛君心懷怨憤。況且，重耳是個落難公子，何必幫忙。衛君就吩咐城門衛兵，不讓重耳進城。重耳一行只好忍饑挨餓，繞城而去。

經過五鹿這個地方時，看到幾個鋤地的農人正蹲在田頭吃飯，重耳就叫狐偃去跟他們要一點。農人們看見是一群官老爺，心中有氣，說農民們成天餓肚子，沒有東西伺候他們，就從地裡拿起一塊土送給狐偃。魏犨是個武將，脾氣暴躁，提起馬鞭要打。狐偃連忙攔住：「老百姓送土地給我們，就象徵著我們將來一定會重回晉國，得到國土。這可是吉兆啊！」。

重耳正餓得頭暈眼花，介子推拿來一碗肉湯。重耳也不管三七二十一，一口氣喝了個精光，喝完了才知道那肉是從介子推的腿上割下來的。重耳感動得不知怎樣報答才好。介子推卻說，只要重耳能回國幹一番事業，自己腿上疼一點毫無關係。

重耳一行忍饑挨餓，來到齊國，齊桓公熱情招待，並送給他們二十輛車，八十匹馬，不少房子，把這一行安排得很舒服，並把自己的一個本家姑娘嫁給重耳。他們就在齊國住了下來。

齊桓公死後，五個兒子爭位，把齊國弄得一團糟，齊國霸主的地位從此失去，歸附了楚國。重耳等人本是希望借助齊國的力量回國，看看沒了希望，重耳的隨從就打算離開齊國，到別的國家去想辦法。但這時重耳正跟齊姜如膠似膝，不願離開。重耳的部下就嫌他太沒出息，商議著藉打獵的機會，把他騙出城去，強行挾走。這話被齊姜的丫環聽見了，報告了齊姜。齊姜卻很關心重耳的事業，主動找到狐偃等人商量，提議把重耳灌醉後抬出城挾走。等重耳在大醉中醒來，發現自己躺在行進中的車上，立即明白了是怎麼回事。但事到如今，他也只好聽從部下的安排了。就這樣，重耳到了曹國。

曹國國君只讓他住了一夜，而且很不客氣，還戲弄他們，要看重耳身上的「駢肋」（一種肋骨長在一起的生理畸形）。唯有曹國大夫僖負羈見重耳手下人才眾多，日後必成大事，就暗暗地施以飯食，贈以白璧。

重耳一行又來到宋國。宋襄公剛打了敗仗，對重耳卻還十分歡迎，送他們每人一套車馬。只是，他沒有力量幫重耳回國。

不久，他們又到了楚國。楚成王把重耳當成貴賓接待，重耳對成王也十分尊敬，兩人成了好朋友。當時，楚國大臣子玉有意殺掉重耳，以除後患，被楚王阻止了。

在一次宴會上，楚王笑問道：「公子將來回到晉國，不知拿什麼來報答我？」重耳回答：「玉石、綢緞、美女你們很多，名貴的象牙、珍奇的禽鳥就出產在你們的國土上，流落在晉國的，不過是你們的剩餘物資，真不知拿什麼報答。如果托您的福，能回到晉國，萬一有一天兩國軍隊不幸相遇，我將後退三舍報答您。如果那時還得不到您的諒解，我就只好驅兵與您周旋了。」

楚成王如此對待重耳，是因為他當時想往北方擴展，希望在這位落難公子身上先種下交情，將來好撈得便宜。

不久，秦穆公派人來請重耳到秦國，說是要送他回國即位。原來，晉惠公對秦國多次忘恩負義。穆公當初原以為立個壞國君，自己可弄點好處，結果事與願違。晉惠公即位不久，即發兵攻打秦國。秦國兵強勢大，打敗了晉國，並俘虜了惠公。之後，穆公還是將惠公放了回去，但讓他把兒子公子圉送到秦國當人質。穆公很善待公子圉，把自己的女兒嫁給他。後來秦滅梁國，梁是公子圉的外公家，他怕自己失去了靠山，無法即位，於是在父親病重時偷偷地跑回晉國，當了國君。秦穆公十分生氣，決定送重耳回國即位。

秦穆公非常重視重耳，想把曾嫁給公子圉的女兒改嫁重耳。當時，公公娶兒媳、兒子娶後母的情況很普遍，更不用說堂伯父娶侄媳了。重耳一行都極想跟秦國交好，遂答應了這們親事。

這時，公子圉已即位，是為晉懷公。他覺得自己的最大敵人就是流浪在外的伯父重耳，於是下了一道命令，讓重耳及其隨從的家屬寫信召他們回來，過期三月，都有死罪。狐偃、狐毛的父親狐突因不願寫信，已被殺害。公子圉還在國內屠殺大臣，弄得人心離散。秦穆公知道這一情況後非常生氣，又見時機已到，就決定派兵護送重耳回國。

公元前六三六年，秦國大軍到了秦晉交界的黃河。過河時，掌管重耳行李的人把過去落難時用的物品全搬到船上。重耳見了，就讓他扔到河裡。狐偃一見，心裡格登一下，趕忙跪下道：「現在公子外有秦軍，內有大臣，我們放心了；我們這幫老臣就不必回去了！就像您剛才扔掉的舊衣服、舊鞋子一樣，還是讓我們留在黃河這邊吧！」重耳一聽，恍然大悟，立刻讓人把破衣服、鞋子、瓦盆等搬上船，並把玉環扔到河裡，行過祭祀河神之禮後發誓道：「我重耳一定暖不忘寒、飽不忘饑，不忘過去的一幫舊臣。」這樣，狐偃等人才跟隨他過了河。

秦軍過了黃河，攻下幾座城池。因公子圉已眾叛親離，晉國的大臣都不欲抵抗，迎立了重耳，就是晉文公。

晉文公四十三歲逃往狄國，五十五歲到了齊國，六十一歲到了秦國，即位時已六十二歲。他在外流浪十九年，雖說也有一段安定的生活，但總的來說，過的是寄人籬下，顛沛流離的日子，受盡了人情冷暖之苦，嘗盡了世間的酸甜苦辣，見識了各國的政治風俗，鍛鍊了各方面的才能，到這時，他已成為一個成熟的政治人物了。

晉國經過近二十年的折騰，到了這時，人心思定，晉獻公的五個兒子中也只剩重耳一個，又加上重耳有好名聲，所以，重耳即位，確是理所當然，人心所向。

重耳即位後的第一件事就是安定人心。他雖下了一道布告，說是惠公、懷公時的亂黨頭子全已剷除，其餘概不追究，但原來支持過惠公、懷公的大臣還是不敢相信，外面謠言很盛。

他正為這事發愁，那個曾經挾帶他的行李逃跑的管家頭須來見他了。文公當然很生氣，見面就罵。頭須卻如此說：「像我這樣的人來見您，自然有我的道理。現在外面謠言四起，說您不肯赦免以前有罪的人。如果您能用我做車夫，在街上走幾圈，大家看到像我這樣的人尚且蒙您原諒，就不會擔心了。」重耳覺得有道理，照他的話去做，果然平息了謠言，安定了人心。

重耳要做的第二件事是大封功臣。他從狄國接回了季隗，從齊國接回了齊姜，從秦國接回了文嬴，對跟他逃難的那幫大臣，各按功績，論功封賞。唯有介子推未言割肉煮羹之功，文公就忘了封賞他。介子推也不爭辯，和老母一起到介山隱居去了。

重耳要做的第三件事是安定周王室。原來，在文公上臺的那年冬天，周王室發生了內亂，王子帶因和周襄王的妻子隗后通姦而被發覺，逃到狄國，勾結狄人，把周襄王趕出洛邑，自己做了周王。重耳就率領晉軍趕走了狄人，殺了王子帶，迎口周襄王。因此，重耳立了大功，在諸侯中建立了威信，從而有了挾天子以令諸侯的方便。

接下來，晉文公要做的事就是爭霸諸侯了。他首先擴大軍隊的編制，實行軍政合一的制度，並首開以法治軍的先例。然後選定策略，要與強大的楚國決一雌雄。文公先爭取宋國加盟，然後再攻打楚國的盟國曹國，爭取齊、衛、魯三國，孤立楚國。在這次戰略性的進攻中，文公對當年曾施惠於他的人都慷慨報答，對曾羞辱過他的人也毫不客氣。這就是所謂的「救患報施」。

楚國本想挫敗晉國而成就霸業，現在卻被晉國爭取了那麼多國家，十分惱火，楚晉之間的大戰已不可避免。當時，楚軍在大將子玉統率下，氣勢很盛，晉軍能否戰勝，未可預見。晉文公憂心忡忡，十分謹慎。他看到楚軍來勢洶洶，連忙下令，要晉軍「退避三舍」。

楚軍卻以為晉軍後退是懼戰的表現，一直追到城濮才駐紮下來。晉軍已有了秦、齊兩個軍事大國的支持，可以說有備無患，又加上巧妙靈活的戰術運用，先誘敵深入，分別擊垮楚軍勢力較弱的左右兩軍，迫使子玉的車軍逃離戰場。最終，這場歷史上著名的城濮之戰就以晉勝楚敗而告終了。

楚軍失敗後，子玉畏罪自殺。晉文公聽到這一消息，如釋重負，長吁了一口氣，說：「沒有人再能妨礙我了！」從此，他的霸主地位確立了。

縱觀晉國由亂到治的過程，確是引人深思。重耳兩次迫不得已，以退為進，正是這一歷史時期中的正確選擇。晉國長期的混亂，給他的上臺、稱霸創造了良好的客觀條件，而他及他的隨從歷經十九年的磨練，也為創造霸業準備了良好的主觀條件。所以，晉文公稱霸並非偶然現象，是由各方面的因素積累而成。

4 王翦自損其名滅楚國

戰國末年，秦王政準備吞併楚國，繼續他統一中國的大業。他召集大臣和將領商議此事。

作戰英勇的青年將領李信在攻打燕國的時候，曾率數千秦軍擊潰了數萬燕軍，逼得燕王姬喜走投無路，只好殺了專與秦王政作對的太子姬丹，向秦王謝罪求和。秦王政想讓李信做滅楚的秦軍統帥，就問李信，攻滅楚國，需要多少軍隊。氣宇軒昂的李信不假思索地回答：「有大王的英明決策，挾秦軍勝利之師的雄威，滅楚，20萬軍隊足矣。」

秦王政聽了，暗暗稱讚李信果然是個少年英雄，有萬丈豪氣。但因此事關係重大，他想再聽聽其他人的意見。他目光掠過群臣，最後停在鬢眉皆白，身形已有些佝僂的老將王翦臉上，徐徐問道：「王將軍，你的意見呢？」

王翦久經沙場，身經百戰，追隨秦王多年，十分瞭解他的心性和為人，見他聽了李信的話後面露喜色，就知道他有輕敵之心。但這等大事，不能阿諛討好，於是這老將神色凝重地回答：「大王，楚國幅員數千里，軍隊百萬，這些年來雖屢遭挫折，但一來其實力仍十分可觀，二來楚人十分仇視秦國，楚軍與秦軍作戰，士卒凶悍不畏死，所以，僅20萬人去攻打楚國是遠遠不夠的。依臣之見，恐怕要……」王翦原想說20萬人出兵必敗無疑，但又思及這不吉利的預言會觸怒日漸驕狂的秦王政，所以改口說：「滅楚，非60萬大軍不可。」

秦王政聽了，毫不掩飾自己的失望，冷冷地說：「看來，王將軍果真老了，膽子竟然這麼小？還是李將軍有魄力，20萬軍隊一定能夠踏平楚境！」

於是，他派李信率20萬家隊去攻打楚國。

王翦料定李信必敗，秦王政現在雖聽不進他的意見，將來一定會採用。不過，秦王政現在既已認為自己老朽無能，如果繼續賴著不走，恐怕會被秦王政隨意找個罪名，加以罷斥，弄不好還會丟失性命。為此，他馬上告病辭官，回老家休養去了。

果然不出王翦所料，李信帶領20萬秦軍攻打楚國，被楚軍連破二陣，李信率殘部狼狽逃回秦國。

秦王政盛怒之下，把李信革職查辦。他畢竟是一代梟雄，很後悔當初自己的輕率，隨即下令備車駕，親自去王翦的家鄉，請王翦復出，帶兵攻楚。

見到王翦，他誠懇地賠罪道：「上次是寡人錯了，沒想將軍的話，輕信李信，誤了國家大事。為了一統天下的大業，務必請將軍抱病出馬，出任滅楚大軍的統帥。」

王翦並沒有因秦王政的賠罪而忘乎所以，他冷靜地說：「我身受大王的大恩，理應誓死相報。大王若要我帶兵滅楚，那我仍然需要60萬軍隊。楚國地廣人眾，他們可以很容易地組織起100萬軍隊，秦軍必須有60萬，才能勉強應付。少於此數，我們的勝算就太小了。」

秦王政連忙應允：「寡人唯將軍之計是從。」隨後徵集60萬軍隊交給王翦指揮。出兵之日，又親率文武百官到灞上為王翦擺酒送行。

飲了餞行酒之後，王翦向秦王政辭行。秦王政見王翦唇齒翕動，似有話要說，趕忙問道：「王將軍心中有何事？不妨對寡人講一講。」

王翦裝出一副惶恐的樣子，奏道：「請大王恩賜些良田、美宅與園林給臣下。」

秦王政聽了，有些好笑：「王將軍是寡人的肱股之臣，目下國家對將軍依賴甚重，寡人富有四海，將軍還擔心貧窮嗎？」

王翦卻又分辯了幾句：「大王廢除三代裂土分封的制度，臣等身為大王的將領，功勞再大，也不能封侯，所指望的只有大王的賞賜了。臣下已年老，不得不為子孫著想，所以希望大王能恩賜一些，作為子孫日後衣食的保障。」

秦王政哈哈大笑，滿口答應：「這太容易了！」

自大軍出發至抵秦國東部邊境為止，王翦先後派回五批使者，向秦王政要求：多多賞賜些良田給他的兒孫後輩。

王翦的部將都認為他老昏頭了，胸無大志，整天只想著替兒孫置辦產業。面對眾人的不理解，王翦解釋：「你們說得不對！我這樣做，是為了解除我們的後顧之憂。大王生性多疑，為了滅楚，他不得不把秦國全部的精銳部隊都交給我，但他並沒有對我深信不疑。一旦他產生了疑念，輕者，剝奪我的兵權，這將破壞我們滅楚的大計；重者，恐怕我和諸位的性命也將難保。所以，我不斷向他要求賞賜，讓他覺得，我絕無政治野心。大王會想，一個貪求財物，一心想為子孫積聚良田美宅的人，是不會想到謀反叛亂的。」

秦王政果然因此而相信王翦沒有異心，他放心地讓他指揮60萬大軍，發動滅楚戰爭。經過了一年多時間，王翦就攻下楚國最後一個都城壽春（今安徽壽縣），俘虜了楚王熊負芻。

5 郭子儀不重「臉面」，四朝為臣

司馬光在《資治通鑑》中評價郭子儀：「天下以其身為安危者殆三十年，功蓋天下而主不疑，位極人臣而眾不嫉，窮奢極欲而人不非之。」這三句評語，古往今來，多少文臣武將欲求其一而不得，郭子儀卻全數囊括了。

「自古美人如名將，不教人間見白頭。」郭子儀59歲當了天下兵馬副元帥，很快就平定了「安史之亂」，保住了李唐江山，居功至偉。後來吐蕃入侵、藩鎮作亂，都全仗郭元帥東征西討，肅宗、代宗、德宗三代皇帝都靠他撐門面。官大得沒法再大，威望高得無以復加，這是人臣之大忌，郭子儀居然安安穩穩活到85歲。在中國歷史上，這等事堪稱絕無僅有。

有人告郭子儀謀反。皇帝心裡也最怕這事兒，就下詔要他從前線回中央彙報工作。不管他在哪裡，一接到通知，他立馬動身，不帶兵卒、不刮鬍子，跑到皇帝跟前。皇上一看，這哪像謀反的樣子啊？以後任誰告郭子儀謀反，他也不信了。

郭子儀爵封汾陽王，王府建在首很長安的親仁里。汾陽王府自落成後，每天都是府門大開，任憑人們自由進出，郭子儀不准府中人干涉。

有一天，郭子儀帳下一名將官要調到外地任職，特來王府辭行。他知道郭子儀府中百無禁忌，就一直走進內宅。恰巧，他看見郭子儀的夫人和愛女兩人正在梳洗打扮，郭子儀正在一旁侍奉她們。她們一會兒要王爺遞手巾，一會兒要他去端水，便喚王爺就像使喚奴僕一樣。

這位將官當時不敢譏笑，回去後，不免把情景講給他的家人聽。之後一傳十，十傳百，沒幾天，整個京城的人都把這件事當作笑話談論著。

郭子儀聽了倒沒怎麼樣，他的幾個兒子聽了，都覺得傳出這件事，大丟面子。於是，兄相相約，一齊來找父親，要他下令，像別的王府一樣，關起大門，不讓閒雜人等出入。郭子儀聽了，哈哈一笑。

幾個兒子哭著跪下來求他。一個兒子說：「父王功業顯赫，普天下人都尊敬您，您自己卻不尊敬自己，不管什麼人，您都讓他們隨意進入內宅。孩兒們以為，即使商朝的賢相伊尹、漢朝的大將霍光也無法做到像您這樣。」

郭子儀收斂了笑容，叫兒子們起來，語重心長地說：「我敞開府門，任人進出，不是為了追求浮名虛譽，而是為了自保，為了保全我們闔府的身家性命呀！」

兒子們一個個都十分驚訝，忙問其中的道理。

郭子儀歎了口氣，說：「你們光看到郭家顯赫的聲勢，沒有看到這聲勢喪失的危險。我爵封汾陽王，往前走，再沒有更大的富貴可求了。月盈而蝕，盛極而衰，這是必然的道理。所以，世人常說，要急流勇退。可是，眼下朝廷尚有用我之處，怎肯讓我歸隱；再說，即使歸隱，也找不到一塊能容納我郭府一千餘口人的隱居地呀！可以說，我現在是進不得也退不得。在這種情況下，如果我們緊閉大門，只要有一個人與我郭家結下仇怨，誣陷我們對朝廷懷有二心，就必然會有專門落井下石、妒害賢能的小人從中加油添醋，製造冤案。那時，我們郭家九族老少都要死無葬身之地了。」

此話正可看出他善於忍受災禍，更善於忍受幸運和榮寵。所以他能四朝為臣。

郭子儀到了七、八十歲，不但求田問舍，府庫珍貨山積，身邊還姬妾成群，倚紅偎翠。這是為了向皇上和外人表明自己沒有政治野心。平常誰來，都可以見到他身邊的嬌姬美妾。有一次，有個官員來訪，他立即叫姑娘們躲起來。

家人不解。他說：「這傢伙長得很醜陋又心地險惡，你們見了，忍不住會笑，這樣他必定懷恨在心，將來他得勢了，你們就全完了。」

真是居安思危，心細如髮。想害他，連一點機會都沒有。

郭子儀位極人臣，富甲天下，子孫滿堂；七子八婿，皆為朝廷高官，更有一重外孫登基為帝（穆宗）；享年85歲高齡，福祿壽齊全。

6 唐太宗忍怒納諫

唐太宗李世民即位之初，勵精圖治，很想聽到一些治國安民方面的建議和評論朝政得失方面的話。他說：「人要知道自己的形體，須靠明鏡；君主要知道自己的過失，須靠忠臣。」因此，他常對那些直言敢諫的大臣優禮相待。元律師犯法，太宗要殺他。大臣孫伏伽諫阻說，按照律法，不該處死。太宗讚揚孫伏伽敢於直言，便將價值百萬的蘭陵公主園賞賜給他。有人說：「賞賜太厚了吧！」太宗說：「從我即位以來，還沒有這樣的進諫者，所以才這樣重賞。」

諫議大夫魏徵性情亢直，敢於犯顏直諫，有時搞得太宗了不了臺。但由於他的意見或建議都十分正確，確度又堅決，敢於抗爭，置個人得失於度外，最後都能使李世民不得不接受。

貞觀六年（六三二年），唐太宗在政治、軍事、經濟、外交等方面都取得了很大的成績，呈現了所謂的「貞觀之治」。在一片歌功頌德聲中，他確實有點昏昏然、飄飄然，生活也逐漸奢侈腐化起來。對納諫一事，也不像過去那樣「尋之使言」、「悅而從之」，常是先有「難色」，而後「勉從」。此時他聽頌歌聽得心中舒服，對於逆耳之言很有些反感，也不再提什麼兼聽則明了。有時興致所致，更是任性而行事。

一天早朝，文武大臣高呼萬歲已畢，懇請太宗到泰山封禪，以顯揚朝廷的文治武功。國舅長孫無忌啟奏：「封禪是歷代帝王的盛事。秦始皇統一天下後，遍封名山，在泰山、碣石山等處都勒碑刻石，以紀念他的巍巍功德。漢武帝也曾封禪泰山。如今陛下德行可以和堯舜媲美，功勞比秦始皇、漢武帝還大，應該封禪泰山，以顯揚功德。」一群臣一致贊成。

群臣的封禪建議，正好對上了太宗好大喜功的心理，但他表面上還是笑著說：「封禪不封禪，有什麼關係，重要的是把國家治理好。」眾臣再次敦請。太宗一拍玉如意，說：「封就封唄！」於是任命大常卿韋挺為封禪使，令諸儒詳細擬定有關封禪的禮儀、規模、費用及日程安排等。

這時，魏徵站起來，果斷而堅決地反對：「封不封禪，並不妨礙陛下的功德和政績。如果天下安定，國家富強，百姓樂業，即使不封禪，又有何妨！過去秦始皇封禪而漢文帝不封禪，難道後世認為漢文帝的賢能不如秦始皇嗎？再說，祈天祭地，難道只有登上泰山之巔，封幾尺土，才能表達誠敬的心意？」一席話，彷彿在李世民和眾臣發熱的頭上潑了一瓢冷水。

李世民一聽，非常不高興，質問道：「你反對我封禪，難道是因為我功勞不高？」魏徵回奏：「很高！」李世民再問：「難道是因為朕恩德不厚？」魏徵回奏：「很厚！」李世民問：「難道是因為國家不安？」魏徵回奏：「安定！」李世民問：「難道是因為四夷不服？」魏徵回奏：「臣服呀！」李世民問：「難道是因為年歲不豐？」魏徵回奏：「豐實呀！」李世民問：「難道是因為祥瑞不來？」魏徵回奏：「來了呀！」

李世民連問六個能否封禪的條件，魏徵都應聲說條件達到了。李世民最後將臉一沈，怒「那我為什麼不能封禪？」

魏徵回簽：「陛下功雖高，百姓還沒有得到實惠；四夷雖服，他們的要求還不能滿足；祥瑞雖來，不好的因素還很多；年歲雖豐，倉庫還很空虛。這就是我認為不能封禪的原因。」

太宗憋了一肚子氣，臉上也感到非常為難，只得宣布退朝走人。

魏徵心想：太宗一走，事情就不好辦了。於是，他立即站起來，拽住太宗的衣襟，再奏：「陛下請留步，讓我把話說完。」他考慮，這樣進諫，效果不會好，要下決心阻止這件事，必須另換一個角度陳述。於是他說：「願陛下讓我做良臣，不要讓我做忠臣。」李世民問道：「良臣與忠臣怎麼區別？」魏徵回道：「良臣身獲美譽，君有令名，子孫傳世，福祿無疆，如稷、契等人；忠臣身受誅殺，君陷惡名，家國遭如比干、關龍逢等人。」李世民說：「那我讓你做良臣吧！」魏徵奏言：「事實上，現在陛下盛怒，臣冒死進諫，這是讓我做忠臣啊！」太宗的氣色緩和了些。

他喘了口氣，又說：「如今伊水、洛水以東，一直到渤海、泰山一帶，莽川巨澤，茫茫千里，人煙斷絕，雞犬不聞，不說飲食供應不上，連舉步都很艱難。再說，竭盡財力，用在這無償的消費上，還不一定能達到要求；要保障豐盛的供給，一定會加重百姓的負擔。崇尚虛名而深受其害，我想，這樣的事，陛下是不會做的。」

這段話說得有理有據有節，或迂迴，或單刀直入，占盡道理，太宗無言以對，但仍然不願放棄封禪泰山的念頭。

魏徵見狀，言詞一轉，激烈地說：「這樣勞民傷財，天怒人怨，一旦有水旱天災，風雲變幻，匹夫百姓必揭竿而起，到那時就追悔莫及了呀！」

太宗此時才省悟其中的道理，強忍心中的不快，最後還是下令停止封山。

當然，太宗對魏徵的勸諫並不是每一次都能愉快地接受，有時是既恨又怕，甚至還想乾脆殺掉他！

有一次，太宗得到一隻鷂鷹，非常喜歡，常把牠駕在手臂上玩。遠遠地看到魏徵來了，他十分緊張，趕緊把鷂鷹捂在懷裡。其實，魏徵早就看到了，他為了不讓太宗貪戀聲色犬馬，就故意沒完沒了地稟奏公事，估摸著鷂鷹差不多憋死了，他才離開。等魏徵走了，太宗趕忙從懷中取出鷂鷹。無奈這猛禽早已悶死。

有一次，太宗罷朝回宮，氣沖沖地對皇后說：「我要殺了那個鄉巴佬！」皇后趕忙問要殺誰。太宗回答：「魏徵那傢伙老是在朝廷上折辱我。」皇后聽了，連忙回房換了一身朝服，恭恭敬敬地站在庭院裡。太宗見了，十分驚訝，問她這是在幹什麼。皇后回奏：「我聽說，只有聖明的君主才能有正直的臣下。現在魏徵正直敢言，全是由陛下的英明所致呀！我怎敢不表祝賀呢？」太宗聽了，覺得很高興。

唐太宗畢竟是一位明君，他雖然也像常人一樣，喜歡聽順耳諛詞，不喜歡聽逆耳忠言，但他還是能克制自己的感情，保持清醒的頭腦，所以，他對魏徵既尊重，又保持著良好的感情。

魏徵年老病重，太宗送醫送藥，使者相望於道路，來往不絕。他並和太子一起去魏府探望，把衡山公主許配給魏徵的兒子魏叔玉。魏徵去世後，太宗命朝中九品以上的官員都去吊唁，並為其親撰碑文，刻於石上。他對魏徵思念不已，向左右大臣說了如下的名言：「人以銅為鏡，可以正衣冠；以古為鏡，可以見興替；以人為鏡，可以知得失。魏徵沒，朕亡一鏡矣！」

這恐怕是歷代大臣中所享受的最大哀榮！

7 有非常之捨，才能有非常之得

五代時，梁朝的葛周某次與他所寵愛的美姬一道飲酒作樂。有個在他身邊擔任侍衛的小兵一直目不轉睛地盯著那個美姬，乃至於葛周問話時，這小兵都忘了回答。這小侍衛也覺得自己在主人面前失態了，十分惶恐，害怕葛周懲罰。葛周卻沒有說什麼，只是很慈善地笑了笑，還讓自己寵愛的美姬親勸一杯酒，賜給他，意思是讓他壓壓驚。

後來，葛周與後唐的軍隊交戰，戰事屢屢失利。葛周就大聲呼喊那個小侍衛，命他前去迎敵。這小兵見這時正是報效主子的機會，就奮不顧身，衝鋒陷陣，擊退了敵人的一次次進攻，並生擒了一名敵人的小頭目。戰鬥結束，葛周就將那個自己寵愛的美姬賜給這個小兵為妻。

清太宗皇太極的莊妃是蒙古一個大部落的首領寨桑之女。皇太極本已娶寨桑的妹妹為妻，由於其幾年不育，而受冷落。後來他看到寨桑的女兒長得出眾，就下了聘禮。就這樣。這位14歲的少女嫁給了自己的姑父。

皇太極與大明帝國連年交戰，一六四二年，俘獲了明朝大將洪承疇。洪承疇以善戰和忠誠聞名天下。皇太極考慮到奪取中原，必須重用漢人，就派人勸降。但洪承疇已將生死置於度外，堅持絕食，拒不投降。

皇太極為了招降洪承疇而費盡心機，但毫無結果。於是他用重金收買與洪承疇一同被俘的僕人金升。金升深知洪承疇的弱點，獻計以女色打動他。

一個又一個絕色美女前去侍候，洪承疇卻毫不動心。莊妃聽到這個消息，決心為皇太極立一功，親自去勸洪承疇。然而，以皇妃之身去侍候一個降將，有失身分，且因男人天生的嫉妒心，皇太極也很不甘願。但莊妃一番表白，使皇太極豁然開朗：女人事小，江山事大。何況，也不一定非戴綠帽子不可。

正在絕食的洪承疇身體虛弱，茫然地注視著窗外。突然，他只覺得眼前一亮，一個女子走進室內。又一個勸降的美人計……洪承疇心想。但這女子一到眼前，一股幽香沁入心脾，天生麗質，皓腕凝雪，美目含情，氣質高雅，不同於凡人。一聲「洪將軍」……溫存委婉，讓人百聽不厭。如此端莊秀麗，婀娜多姿，特別是她的氣質，與前幾天那些嬌聲嬌氣，庸俗不堪，恬不知恥，故做多情的女人相比，真有天淵之別。

「洪將軍為國盡忠，令人敬仰！難道您不先喝一點水再慷慨捐軀嗎？」莊妃雙手遞上參湯。

面對如此美麗的女子，話又說得如此得體，怎能拒絕？洪承疇終於接過參湯，喝了起來。這一喝，堅固的堤壩，打開了一個缺口，他的感情立馬奔流而下。

以後幾天，莊妃為洪承疇端酒送飯，悉心侍候，兩人已無話不談，如膠似膝。洪承疇視莊妃為自己的紅顏知己，感慨自己命運多舛，將赴刑場。否則，擁此美人，實天下之樂。

莊妃看火候已到，就按預定計畫，先讚揚洪承疇智慧雙全，人才難得，對明朝忠心耿耿，令人敬佩。待洪承疇唉聲歎息之時，她話鋒一轉，分析天下大勢，提出：「大明氣數已盡，清皇必主中原。不如順從大勢，為清王朝建功立業，留名後世。」

莊妃一番軟語過言，打動了洪承疇。經過一段時間的沈思，他終於決定降清。

皇太極得報，立即在大殿招集文武百官，以極其隆重的大禮接見洪承疇，宣布委以重任。洪承疇謝恩後抬頭看去，心中大驚……皇太極身旁那端莊秀麗、親切溫和的妃子正是侍候自己好幾天的女子……

洪承疇無論如何也想不到皇妃竟屈身侍候自己。這是何等寵幸！自此，他死心塌地地為清王朝效力。

皇太極的非常之「捨」，得到了豐厚的回報。

8 為取敵國，不惜使女兒成寡婦

俗話說：「虎毒不食子。」可是，為了爭奪無盡的權力，許多帝王卻不惜犧牲自己的妻子兒女。

春秋時期，鄭武公是一個足知多謀，窮兵黷武的諸侯。為了擴張地盤，他動起鄰邦胡國的念頭。但當時胡國很強大，國君又勇猛善戰，經常騷擾邊疆。用武力攻伐固然不容易，想政治滲透也不太可能，因為對胡國的內情實在一無所知。既無所施其技，不能不暫且忍耐一下。

他派了一位使者前去胡國，說是要攀個親戚，把自己的女兒嫁給胡國國君。胡君聽說，自然萬分歡喜，立即答應。

這位新夫人到了胡國，把胡君迷得昏頭昏腦，花天酒地，日日夜夜，連朝也懶得上，對國家大事簡直置諸不理。消息傳到鄭國，武公心裡暗自高興。

過了一段時期，武公突然召開一個祕密會議，出席的全是高級文武官員，商議著要怎樣開拓疆土，向哪一方面進攻。

大夫關其思當先啟奏：「以目前的形勢看，要擴張勢力，相當困難，因各諸侯都守望相助，立下攻守同盟，一旦有事，必會增強他們的團結，一致與咱們為敵。唯有一條路可以試一下，那就是向『不與同中國』的胡國進攻，既可以得實利，名義上又可替朝廷征討外族，鞏固周邦。」

這個提議可說是與武公的心思不謀而合，他本應大力支持。可此時一聽，他立刻把臉一沈，質問道：「你難道不知道胡國國君是我的女婿嗎？你怎麼敢挑撥離間？」

關其思繼續大發議論，口沫橫飛地說出一大套非進攻胡國不可的理由，特別強調國家大事，不可牽涉兒女私情，國君更應為國犧牲個人利益，等等，等等……

「狗屁！」武公厲聲斥責：「這話虧你說得出口！你要陷我於不仁不義，讓我的女兒守寡嗎？好，你既然有興趣叫人做寡婦，就先讓你老婆嘗嘗這滋味吧！左右！把這傢伙拉出去斬了。」

武公心裡本沒有顧及女兒的前途和幸福，表面上卻裝出一副慈父心腸，為此還不惜要了一位大臣的命。口是而心非，這是頑嚚之待、頑嚚之術最具代表性的特點。這樣做，極具欺騙性，果真使胡國完全放鬆了警惕。

關其思被斬的消息很快傳到胡國，胡君大為感激。他滿心以為鄭國絕不致攻打本國，極為放心，更加縱情聲色，漸漸地連邊關都鬆弛下來，竟致鄭國的情報人員也可自由出入。

鄭武公已掌握了胡國的內情，認為時機成熟了，突然下令，揮軍進攻胡國。眾臣都莫名其妙，連忙奏問：「君上！關大夫過去因建議進兵胡國而遭斬首，為什麼隔不多久，又要伐胡？」

武公呵呵大笑，抹了抹鬍子，向群臣解釋：「兵不厭詐！這是我的欲擒先縱之計呀！我對胡國早就打定了主意，肯犧牲女兒嫁給他，是為了刺探其國防祕密，斬關其思，也不外想堅定他的信心，鬆懈其防備，鬆懈其防備，一到時機成熟，就出其不意，一下子就可以手到擒來。」

「可是，國君！」一個大臣仍然不解：「這樣，你的女兒不是守寡了嗎？」

「哈哈哈！還是關大夫說得對，國家大事，怎可以牽涉兒女私情呢！」

就這樣，鄭軍所到之處，勢如破竹，幾個回合，整個胡國就入了鄭國版圖。

9 司馬懿扮豬吃老虎

「扮豬」只是手段，「吃虎」才是目的。三國時期，謀略家、軍事家司馬懿深藏爪牙，含而不露，巧妙地「扮豬」，不僅讓曹操為之發怵，最終更把持了曹家天下。

公元二〇一年，司馬懿二十剛出頭，血氣方剛，正是初生的牛犢，朝氣蓬勃。這時，曹操已擊敗北方最強大的敵手袁紹，統一了中國北部，挾天子而令諸侯。曹操對司馬懿早有所聞，決定聘請為官。但司馬懿見漢朝衰微，曹氏專權，不願屈節事之，推辭說身患癱疾，不能起身，加以拒絕。

曹操生來機警多疑，馬上意識到這個青年必是藉故推託，而不應聘正是對他的大不敬，自然十分惱怒。於是，他馬上派出刺客，穿牆越屋，進入司馬懿的寢室，手揮寒光閃閃的利劍刺向司馬懿。司馬懿覺知刺客到來，立即悟到這是曹操之意，於是將計就計，裝著癱瘓在床的樣子，毅然放棄了一切逃生、反抗和自衛的努力，安臥不動，任刺客所為。刺客見狀，認定他真是身患癱疾無疑，立刻收起利劍，揚長而去。

儘管曹操詭詐無比，還是被司馬懿蒙混過去。司馬懿這一著，必須在倉卒間對刺客的來意做出準確的判斷和當機立斷的決策，更需要臨危不懼，置生死於度外的果敢，真是驚險無比，常人難為。

躲過這場試探之後，他更是謹慎而有節制地行事。但最終還是被奸詐而多疑的曹操察覺，又聘他為文學官，並厲聲交代使者：「司馬懿若仍遲疑不從，就抓起來！」善於審時度勢的司馬懿判定，若再拒絕，定遭殺身之禍，只能就職。

曹操對司馬懿，「內忌而外寬，猜忌多權變。」他聽說司馬懿有「狼顧相」，為了驗證，便不露聲色地與其同行，又出其不意地命他向後看。司馬懿「面正向後而身不動」，果然有「狼顧相」。據說狼懼怕被襲，走動時不時回頭。人若反顧有異相而像狼的舉動，即課之「狼顧」。司馬懿的「狼顧相」就是他為人機警而富於智謀、雄豪豁達、野心很強的表徵。

其後，曹操又夢到「三馬共食一槽」。槽與曹同音，預示著司馬氏將篡奪曹氏權柄。為此，曹操更是發怵，憂心忡忡地對兒子曹丕說：「司馬懿不是一個甘為臣下的人，將來必定會壞你的事。」他有意除掉司馬懿，免得子孫對付不了。但曹丕與司馬懿私交甚好，離不開他，多方加以袒護，終使司馬懿免於一死。

曹操死後，曹丕嗣位為丞相、魏王，封司馬懿為河津亭侯，轉丞相長史。

公元二三七年，遼東太守公孫淵發兵叛魏，自稱燕王。二三八年正月，司馬懿受詔率師伐遼。魏軍很快拿下襄平，斬了公孫淵。司馬懿班師回朝，途中，三日內連接五封詔書。等他趕回京城，魏明帝已氣息奄奄。明帝拉著他的手，將年僅八歲的太子曹芳託付。司馬懿痛哭流涕，受遺命，與大將軍曹爽共同輔政。

曹爽是曹魏宗室，外露驕橫，內含怯懦，華而不實。這就給司馬懿製造了機會。兩位輔政大臣，司馬懿德高望重，曹爽則年輕浮躁。輔政過程中，兩人不斷發生矛盾。曹爽對司馬懿非常忌恨。為了加強自己的實力，他多次提拔自己的親信擔任重要的官職。這些人大多是京城名流，外表風度翩翩，但不具實際的政治才能。向來政治家引納名流，主要是提高自己的聲譽，而不是讓他們真正參政。曹爽卻不懂此道，結果只是加快了自己的滅亡。

這些人意識到司馬懿的才幹和資歷遠非他們可比，便想盡方法排擠他。於是，由曹爽奏告小皇帝，說司馬懿德高望重，官位卻在自己之下，甚感不安，應將他升為大司馬。朝臣聚議，以為前幾位大司馬都死在任上，不太吉利，最後定為太傅。曹爽藉口太傅位高，命尚書省凡事須先稟告自己，大權遂為其專。

在正治初幾年中，曹爽急於安插親信，掌握京城兵權。司馬懿則率兵同東吳打了幾仗，名聲大噪。

曹爽一天天驕橫自大，像一隻急速膨脹的氣球。司馬懿卻深自抑制，始終保持謙恭。他平時經常教導自己的兒子，凡事都要謙虛退讓。就像容器一樣，只有永遠保持虛空的狀態，才能不斷接納外物。從表面上看，曹爽的勢力是在擴張，其實內中已潛伏著很深的危機。

到了正始八年（二四七年），曹爽已大體控制了朝政，京城的禁軍掌握在他手中。於是朝中大事，他很少再同司馬懿商量；偶爾司馬懿發表些意見，他也根本不聽。對此，司馬懿似乎並不計較，依然態度謙恭。此後不久，他的風癱病復發，便回家靜養，不再管事。這一病，差不多就是一年。

當時，司馬懿近七十歲，在旁人看來，早已是風中之燭。所以曹爽對他的臥病並沒有起疑，反而覺得這個原以為厲害的對手，到底也沒什麼了不起。不過，曹爽總算細心，當正始九年春，他以心腹李勝出任荊州刺史之由，特地讓李勝去向司馬懿辭行，藉機觀察一下司馬懿的病到底怎麼樣了。

李勝來到司馬懿府上，被引入內室。司馬懿見他進來，叫兩個婢女在兩旁扶著，才站起身來，表示禮貌，一邊接過一個婢女拿來的外衣。不料手抖抖顫顫，衣服又掉到地上。隨後坐下，用手指了指嘴，表示要喝水。婢女端來一碗稀粥。他接過粥，送到嘴邊，慢慢喝，只見滴滴嗒嗒的湯水往下落，弄得胸口斑斑點點。李勝看得心理難過，不覺流下眼淚。司馬懿話都說不清了，斷斷續續地說：「我老了，精神恍惚，聽不清你的話。你此去，正是建立功勳的機會。今天與你相別，日後再無相見之日。我那兩個兒子，還請你日後多加照看……」

李勝回去，將司馬懿的情形一一向曹爽稟告，最後說：「司馬公沒有多少日子可活了，不足為慮。」

這一來，曹爽算是徹底放心了，從此再也不加防備。

嘉平元年（二四九年）正月，皇帝曹芳出城祭高平陵（明帝陵墓），曹爽兄弟也跟隨前往，只帶了少量衛兵。出城不久，曹爽府中留守的部將嚴世忽聽得街上有大隊人馬急速奔走的聲音，心中驚疑，立即登樓觀望。只見司馬懿坐在馬上，帶著一支軍隊向皇宮奔去，雖是白髮飄飄，卻精神矍爍，哪有半點病態！嚴世知道事情不妙，拿起弓箭，對準司馬懿就要射去。邊上一人拉住他的手，勸阻道：「還不知道是怎麼回事，切莫胡來！」這樣反覆三次，司馬懿已經遠去。

軍隊開到皇宮前，列成陣勢，司馬懿匆匆入宮，謁見皇太后郭氏，奏告曹爽有不臣之心，將危害國家，請太后下詔廢掉曹氏兄弟。郭太后對國家大事素無所知，又處在司馬懿的威逼下，只好按他的意思，叫人寫了一道詔書。與此同時，司馬懿的兒子司馬師、司馬昭兄弟帶領軍隊和平時暗中蓄養的敢死之士，已經占領了京城中各處要害，關起城門。

城中禁衛軍雖說一向歸曹爽兄弟指揮，數量也大得多，但群龍無首，再加上司馬懿的地位和聲望，誰敢動一動？司馬懿包圍皇宮，取得詔書之後，又馬上分派兩名大臣持節（代表皇家權威的信物）趕往原屬曹爽、曹羲指揮的禁衛軍中，奪過兵權。曹爽多年經營的結果，不過片刻工夫，便化為烏有。

司馬懿的兵變，看起來似乎只是抓住一個並沒有多大成功把握的偶然機會，其實是經過長期準備的致命一擊。在曹芳即位後好幾年中，他不跟曹爽爭權，卻多次率軍出征，保持了自己在朝廷的威望，一旦事變發生，就足以威懾群臣眾將，使之不敢輕易倒向曹爽。

另一方面，他長期謙恭退讓，助長了曹爽的驕傲自大，使之放鬆戒備。至於他裝病之舉，不但造就了可乘之機，而且保存了他所統領的一支軍隊。有如上幾個條件，那種看起來純屬偶然的機會，實際上是深謀遠慮之所得。

最終，曹爽兄弟及其同黨一律處死，他們的家族，無論男女老少，包括已出嫁多年的女子，全部連坐被殺。忍耐、謙讓，一旦得手，絕不遲疑，立下痛招，斬草除根，不留後患，這才是真正的司馬懿。當時被殺的，有許多著名的文人，所以世人有「天下名士減半」之歎。

對司馬懿來說，除去曹爽，不過是第一步。他一開殺戒，便流血成河，令天地為之震撼。從此，司馬家牢牢掌握了政權。司馬懿在四年後死去，其子司馬師、司馬昭相繼執政。他們同父親一樣，心狠手辣，先後廢掉並殺死曹家三個皇帝，殺了一批又一批反對派。到司馬昭之子司馬炎（晉武帝）手裡，就完成了朝代的更換。

10 朱棣裝瘋謀大位

明成祖朱棣本為燕王，靠裝瘋這一招贏得了時間，最終發動叛亂，打敗了建文帝，登上皇位。

明朝的開國皇帝朱元璋有許多兒子。其中，朱棣為人沈鷙老辣，很像其父。太子朱標病死，朱元璋曾想立朱棣為太子，但許多大臣表示反對，理由為：如立朱棣為太子，對其他皇子無法交代，也不合正統。朱元璋無奈，只得立朱標的次子（長子已病死）為皇太孫。待他死後，皇太孫即位，是為建文帝。

建文帝年齡既小，又生性仁慈懦弱，他的叔叔們各霸一方，並不把他看在眼裡。原來，朱元璋把自己的子侄分到各處，稱作親王，目的是為了監視各地帶兵將軍的動靜，以防他們叛亂，後來就分封各地，成為藩王。這樣，許多藩王就擁有重兵。如寧王擁有八萬精兵。燕王朱棣的軍隊更為強悍。為此，建文帝的皇權受到了威脅。在一些大臣鼓動下，他開始削藩。削藩過程中，他殺了許多親王。其中當然也有冤殺者。燕王朱棣聞知，十分著急。

朱棣封在燕地，離都城金陵很遠，又兼地廣兵多，一時尚可無虞。僧人道衍是他的謀士，曾對他說：「我一見殿下，便知殿下當為天子。」相士袁珙也對他說：「殿下已年近四十，一過四十，長鬚過臍，必為天子。如有不准，願剜雙目。」在這些人慫恿下，朱棣便積極操練兵馬。

道衍惟恐練兵走漏消息，在殿中挖了一條地道，通往後苑，修築地下室，圍繞重牆，在內督造兵器。為了不使外人聽到裡面的聲音，又在牆外室中養了無數鵝鴨，日夕鳴叫，聲流如潮。

但消息還是走漏出去，不久就傳到朝廷。大臣齊泰、黃子澄兩人十分重視此事。黃子澄主張立即伐燕。齊泰以為應先密布兵馬，剪除燕王黨羽，然後再興兵討之。建文帝聽從齊泰的建議，特派工部侍郎張昺為北平布政使，都指揮謝貴、張信掌北平都司事，又命都督宋忠屯兵開平，再命其他各路兵馬戍守山海關，保衛金陵。

朱棣知道建文帝已對自己起疑，為了打消他的疑忌，便派自己的三個兒子高熾、高煦和高燧前往金陵，祭奠太祖朱元璋。建文帝正在疑惑不定，忽報三人前來，就立即召見。言談之下，建文帝覺得，除了朱高煦有驕矜之色外，其他二人執禮甚恭，便稍稍安心。待祭奠完畢，建文帝便想把這三人留下，作為人質。

朱棣早已料到這一手，飛馬來報，說朱棣病危，要三子速歸。建文帝無奈，只得放三人歸去。

魏國公徐輝祖聽說了，連忙來見，要建文帝留下朱高煦。原來，徐輝祖是徐達之子，是朱棣三子的親舅舅。他對建文帝說：「臣的三個外甥之中，唯有高煦最為勇悍無賴，不但不忠，還將叛父，他日必為後患，不如留在京中，以免日後胡行。」建文帝仍遲疑不決。再問別的人，大多替朱高煦擔保。於是，建文帝決定放行。

朱高煦深恐建文帝後悔，臨行時偷了一匹徐輝祖的名馬，加鞭而去，一路上殺了許多驛丞官吏，返見朱棣。朱棣見朱高煦三兄弟歸來，十分高興，對他們說：「我們父子四人今又重逢，真是天助我也！」

過了幾天，建文帝的朝旨到來，對朱高煦沿路殺人痛加斥責，責令朱棣拿問。朱棣當然置之不理。又過了幾天，朱棣的得力校尉于諒、周鐸兩人被建文帝派來監視朱棣的北平都司事張昺、謝貴設計騙去，送往京師處斬。兩人被斬以後，建文帝又發朝旨，嚴厲責備朱棣，說他私練兵馬，圖謀不軌。

朱棣見事已緊迫，起事的準備又未就緒，就想出一條緩兵之計：裝瘋。

他披散頭髮，在街道上奔跑發狂，大喊大叫，不知所云。有時在街頭上奪取別人的食物，狼吞虎咽，有時又昏沈沈地躺在街邊的溝渠之中，數日不起。

張昺、謝貴聽說朱棣病了，專誠前往探視。當時正值盛夏時節，烈日炎炎，酷熱難耐，但見燕王府內擺著一座火爐，烈火熊熊，朱棣坐在旁身穿羊羔皮襖，還凍得瑟瑟發抖，連聲呼冷。兩人與他交談時，朱棣更是滿口胡言，讓人不知所以。張、謝二人見狀，相互對視了一下，就告辭回去。

張昺和謝貴把這些情況上報朝廷。建文帝有些相信，便不再成天琢磨著該怎樣對付燕王了。但朱棣的長發葛誠與張、謝二人關係極好，告訴他們燕是裝瘋，要他們小心在意。張、謝二人不大相信。

過了許久，燕王派百戶鄧庸到朝廷彙報一些事情。大臣齊泰把他抓了起來，嚴加拷問。鄧庸熬不住酷刑，就把朱棣謀反的事從頭到尾說了一遍。建文帝得訊後大驚，立即發符遣使，去逮捕燕王的官吏，並密令張、謝二人設法圖燕，再命原為朱棣親信的北平都指揮張信設法逮捕朱棣。

張信猶豫不決，回家告訴母親。母親說：「萬萬不可！我聽說燕王應當據有天下，王者不死，難道是你一個人所能逮捕得了的嗎？」張信便不依旨逮捕朱棣。可朝廷的密旨又到，催他行事。張信舉棋不定，就往見朱棣，想看個究竟。

朱棣託病不見，三請三辭。張信無奈，就便服前往，說有密事求見。朱棣這才見了他。進了燕王府，見朱棣躺在床上，張信就拜倒在床下。朱棣以手指口，呵呵而言，不知所云。張信趕緊說：「殿下不必如此，有事盡可相告。」

朱棣問道：「你說什麼？」張信回答：「臣有心歸服殿下，殿下卻瞞著我，令臣不解。我實話相告，朝廷已頒下密旨，讓我逮你入京。如果你確實有病，我就把你逮送入京，皇上也不會把你怎麼樣；如果你是無病裝病，還要及早打算。」

朱棣聽了此話，猛然起床下科道：「恩張恩張！生我一家，全仗足下。」

張信見朱棣果然是裝病，大喜過望，便密與商議。朱棣又召來道衍、王珙等人，一同謀劃，覺得事不宜遲，可以起事了。

這時，天忽然刮起大風，下起暴雨，殿簷上一片瓦被吹落下來。朱棣顯得很不高興。道衍進言道：「這是上天示瑞，殿下為何不高興？」朱棣謾罵道：「禿奴純係胡說！疾風暴雨，還說是祥瑞嗎？」道衍笑道：「飛龍在天，哪能沒有風雨？簷瓦交墜，就是將易黃屋的預兆，為什麼說不祥？」朱棣聽了，轉怒為喜。

於是，朱棣設計殺死張昺、謝貴兩人，衝散指揮使彭二的軍馬，安定了北平城，改用洪武三十二年的年號，部署官吏，建立法令，公然造反。經過三年的反覆苦戰，朱棣終於打敗建文帝，登上皇位，並遷都北京。

11 功高權重反召來殺身之禍

在中國歷史上，因軍權過大遭逐被殺的例子也比比皆是。

春秋戰國時期，燕昭王為了報齊國入侵之仇，築了一座求賢臺，裡面貼滿黃金，作為招納賢士之用，人稱黃金臺。天下賢士見昭王求才心切，紛紛前來投奔。魏國的樂毅也到了燕國。

燕昭王很器重樂毅，樂毅也把昭王引為知己。不久，昭王派樂毅帶兵伐齊。樂毅以其卓越的軍事才能率兵攻齊，勢如破竹，連下齊國七十多座城池，連齊國的國都臨淄都攻了下來。齊王跑到了莒城。樂毅奮力攻打莒城和即墨。由於兩城防守堅固，三年沒有打下來。

這時，燕昭王崩逝，他的兒子燕惠王即位。惠王因與樂毅素有嫌隙，又怕樂毅勢力太大，擔心他做了齊王，再回兵攻打燕國，在就陣前撤換了他，讓騎劫代替他的職務。樂毅知道惠王臨陣換將，必無善意，就沒敢回燕國，跑到趙國去了，總算免去了一場殺身之禍。

漢代，張良所以能成為千古良輔，被後人推崇備至，不僅在於他能運籌帷幄，決勝千里，佐劉邦創立西漢王朝，還在於他能因時制宜，適可而止，最後，既完成了預期的事業，又在那充滿悲劇的封建制時代保存了自己。

在秦漢之際的諸多謀臣中，張良比陳平思慮深沈，比蒯徹積極務實，比范增氣度寬宏。他與蕭何、韓信並稱漢初三傑，卻未像蕭何那樣遭受鋃鐺入獄的凌辱，也未像韓信那樣，落得兔死狗烹的下場。自從漢高祖入主關中，天下初定，他便托辭多病，閉門不出，屏居修練道家養身之術。

公元前二〇一年正月，漢高祖剖符行封。因張良一直隨從畫策，特從優厚，讓他自擇齊地三萬戶。張良選選了萬戶左右的留縣，受封為「留候」。他曾說：「今以三寸舌為帝者師，封萬戶，位列侯，此布衣之極，於良足矣。願棄人間事，欲從赤松子（傳說中的仙人）遊。」他看到帝業建成後君臣之間「難處」，欲從「虛詭」，逃脫殘酷的社會現實，以退讓避免重蹈歷史的悲劇。

的確如此，隨著劉邦皇位漸次穩固，張良逐步從「帝者師」退居「帝者賓」的地位，遵循著可有可無，時進時止的處世準則。在漢初翦滅異姓王侯的殘酷鬥爭中，他極少參贊謀劃；在西漢皇室的明爭暗鬥中，他也恪守「疏不間親」的遺訓。這位留侯真堪稱「功成身退」的典型。

12 種善圖始，蠡能慮終

越王勾踐滅吳之後，越國君臣設宴慶功。群臣皆樂，勾踐卻面無喜色。范蠡察此微末，立識大端。他想：越王為爭國土，不惜群臣之死；而今如願以償，便不想歸功臣下。常言道：大名之下，難以久安。現已與越王深謀二十餘年，既然功成事遂，不如趁此急流勇退。想到這裡，他毅然向勾踐告辭，請求隱退。

勾踐面對此請，不由得浮想翩翩，遲遲應道：「先生若留在我身邊，我將與您共分越國。倘若不遵我言，則將身死名裂，妻子為戮！」政治頭腦十分清醒的范蠡，對於宦海得失、世態炎涼，自然品味得格外透徹，明知「共分越國」純係虛語，不敢對此心存奢望。他一語雙關地說：「君行其法，我行其意。」

事後，范蠡不辭而別，帶領家屬與家奴，駕扁舟，泛東海，來到齊國。范蠡一身跳出了是非之地，又想到風雨同舟的同僚文種曾有知遇之恩，遂投書一封，勸說道：「狡兔死，走狗烹；飛鳥盡，良弓藏。越王為人，長頸鳥喙，可與共患難，不可與共榮樂。先生何不速速出走？」

文種見書，如夢初醒，便假託有病，不復上朝理政。不料，樊籠業已罩下，再不容他展翅起飛。不久，有人趁機誣告他圖謀作亂。勾踐不問青紅皂白，賜予一劍，言道：「先生教我伐吳七術，我僅用其三就已滅吳，其四深藏先生胸中。先生請去追隨先王，試行餘法吧！」要他去向埋入荒冢的先王試法，分明就是賜死。再看越王所賜之劍，就是當年吳王命伍子胥自殺的「屬鏤」劍。文種至此，一腔孤憤難以言表，無可奈何，只得引劍自刭。

從政和務農、經商，事雖殊途，其理卻有相通之處。范蠡的聰明才智表現於他把握其中的奧祕，使其同歸於一，從而能左右逢源，立於經久不敗之地。

范蠡早年曾師事計然，研習理財之道。他到齊國之後，便隱姓埋名，自稱鴟夷子皮，改業務農。他想：越國用計然之策，既能稱霸強國，我用此術，也必能齊家致富。於是，他舉家同心協力，躬耕於海畔。不久，家產累計數十萬。

齊人見范蠡賢明，欲委以大任。范蠡卻喟然長歎，辭卻道：「居官至於卿相，治家能致千金，久受尊名，終為不祥。」之後，他散去家財，分予親友鄉鄰，然後懷帶重寶，悄然出走。輾轉到了陶（今山東定陶西北）地，他再次變易姓名，自稱朱公。他看出陶居天下中心，四通八達，便於交易，遂以經商為業，每日買賤賣貴，與時逐利，十九年間，三致千金。時人凡論天下豪富，無不首推陶朱公。

第2章
會借勢造勢的人，會成大事

我告訴讀者一個祕訣：大凡行使厚黑學，外面定要糊一層仁義道德，不能赤裸裸地顯露出來。王莽之失敗，就是由於後來把它顯露出來的緣故。如果終身不露，恐怕至今孔廟中，還有王莽一席之地。韓非子說：「陰用其言而顯棄其身。」這個法子，諸君不可不知。

——李宗吾

1 散布流言，假借「天書」

「讖緯」很容易成為政治陰謀施用的手段，當然也常被反正統的政治活動家所利用。在兩漢之際的社會動亂中，很少有政治領袖不利用讖緯。

讖，是假託神意的政治預言；緯，係以儒家經義附會人事吉凶禍福。讖緯，乃讖語與緯書的合稱。作為秦漢換代之際政治神學的標誌，讖緯迷信也體現出中國傳統政治文化的某些特徵。

漢朝開國皇帝劉邦早年斬蛇起義的神話傳說，就是利用時人的迷信思想，為自己的稱霸服務。劉邦本是沛縣的一個小亭長，相當於現在的鄉長。這官職位不大，事情不少，亂七八糟的雜務都派在他頭上，必須盡力實行。劉邦本人也很苦惱。

有一次，上面又派下任務，要他押送一批民工趕赴驪山，為秦始皇修造宮殿。這時，百姓本來就日子難熬，被苛捐雜稅和殘暴的刑律壓得透不過氣，如今更是民怨載道。驪宮極盡奢華，徵發民工無數，給天下人造成很大的損害。

誰願意白白受如此苦難？沒走到半路，民工紛紛逃跑。任務是絕對完不成了。劉邦思忖：這差事吃力不討好！那些被迫服役的百姓肯定人人有逃走的打算。自己身單力薄，無法制止。這樣下去，趕到驪山，一個人都沒有了，耽誤了工程，可是殺頭大罪。與其勉為其難，押著他們趕路，最後倒落個殺頭的結局，還不如現在當機立斷，打發了他們。這樣，自己逃了命，又做了一樁順水人情。

這天晚上，他召集全體民工，說請大家喝酒。大家很驚奇，不知這小子葫蘆裡賣什麼藥。餐中，劉邦舉杯道：「諸位！我知道你們誰都不願去服苦役，這是人之常情。我看，不如大夥兒現在都逃走吧！你們走你們的，我自己也得逃。這個亭長的小官，咱是不當了。」

民工一聽，這話太合脾氣了，登時歡聲大作。緊接著，每個人各作打算：一部分如鳥獸般四散逃去；另一部分圍住劉邦，表示：鐵了心跟隨他打天下去。

逃亡數天後，某夜，劉邦等人藉著酒意及月光，在山中沼澤區裡趕路。由於道路不熟，劉邦派一名較機警的勞役到前面探查，以免人數太多，容易被發現。

不久，這名先行者慌慌張張地趕回來報告：「不好了！前面有一條巨蛇，盤據小路當中。看情形，我們很難過得去，還是回頭找其它出路吧！」

劉邦微醉中，膽量增大，高聲表示：「壯士出行，還怕什麼東西！」

言畢，他又猛喝了幾口酒，拔出佩劍，奮勇向前。大蛇見有人到來，立刻昂首出擊。劉邦力大，又劈又砍。大蛇不敵，終被劈為數段。

這時劉邦酒意上升，迷迷糊糊中，獨自穿越小徑而去。走了幾里路，終因醉酒，又疲勞過度，臥倒路旁，睡得不醒人事。

跟隨在後頭的人見前頭沒有動靜，便向前追尋。說也奇怪，就在劉邦斬蛇的位置，有個老嫗在黑暗中哭泣。大家感到奇怪，便趨前問道：「老婆婆，你為什麼在此哭泣？」

「我的兒子被人殺了，所以我在此為他痛哭！」

「你的孩子是怎麼被人殺的？」

「我的兒子是白帝之子，今天他化為蛇的原形，橫在這兒路上，想不到竟被赤帝之子給殺了，所以我在這裡痛哭呀！」

問話的人認定老太婆胡說八道，正想出言痛斥，老太婆卻突然不見。大家感到非常驚訝，待找到劉邦，叫醒他，立即告訴他這件奇遇。劉邦一聽，非常高興，認為自己即是赤帝之子。

後人推測，這是逃亡期間，劉邦徒眾故意創造出來的神話，用以顯示劉邦是天生的領袖。想來，這則傳說，應是劉邦功成以後，為突顯他是真命天子所製造出來的神話。由於劉邦出身的確太低，為穩定漢王朝政權，負責的官員遂大費苦心，為他的形象「包裝」一番。

這段意外的逃亡，在劉邦的生涯中應屬最落魄的時期，沒什麼可稱述的，對天命所歸的「劉皇帝」，也成了最空白的一段。為補足此一缺陷，漢朝官員乃強化劉邦的「天生偉大」，才會創造出這個「官製神話」吧！

《史記》中還有一段記載：

秦始皇在位時，有不少懂得看天象的方士對他說：「東南方有天子氣。」始皇甚憂，便常到東方巡幸，欲鎮服之。

劉邦對此傳說，深為自疑，便藏匿於芒縣和碭縣之間的深山沼澤和岩石間，怕因自己有「天子氣」而被發現。

怪的是，妻子呂雉和地方父老有事到山區尋找，卻仍很快就找到他。

劉邦感到非常奇怪，便問道：「你怎麼每次一來便找到我？」

呂雉答道：「你所在的地方，上空常有雲氣，只要順著雲氣便可以找到你了。」

沛縣子弟聽到這種傳言，更相信劉邦貴相，紛紛往山中投奔，儼然成為一股力量，最終更成為劉邦起事的資本。

2 編造神異血統、異象帝身

古代，統治者利用世間百姓對「神」的崇拜與畏懼，將君權同神權緊密結合。商周時代的君主稱為「天子」，君主自稱「余一人」，即表明：君主是上天之子，具有人神結合的性質，是凌駕於一切人之上的「人上人」。神具有至高無上的絕對權威，君權就是由神所授予。君主係神的子孫、代表，神在人間的化身，與神同享尊榮，共執權柄。君主的統治，也就是神的統治。

整個封建時代，「君權神授」論繼續得到統治者的廣泛宣揚。「受命之君，天意之所予，故號為天子者。」此類論調，仍然在政治思想領域和社會輿論中大肆鼓吹，君主同樣處在半人半神的地位。這種地位，由於各種更加精細和具體的神話，得到進一步的鞏固和加強。

在中國古代的史藏中，幾乎每一個君主都有一段關於其血統來源的神異記載。漢高祖劉邦的母親「嘗息大澤之陂，夢與神遇……交龍於上，已而有娠。」前趙君主劉聰之母「夢日入懷」，乃生劉聰。北齊後主高緯之母「夢於海上坐玉盆，日入裙下，遂有娠。」南朝梁武帝蕭衍，「母嘗夢抱日，已而有娠。」

既然君主不是「凡胎」，其出生之際，免不了會有各種神奇的異兆。隋文帝楊堅出生時，「紫氣充庭」。宋太祖趙匡胤出生時，「赤光繞室」。五代後周太祖郭威呱呱墜地之際，更有一番熱鬧：「載誕之夕，赤光照室，有聲如爐炭之裂，星火四迸。」元末，又有一個「神異」的嬰兒出生。當他從母體中掙扎而出，帶來「紅光滿室」，其夜「數有光起，鄰里望見，驚以為火，規奔救，至則無有。」這個嬰兒便是後來的明太祖朱元璋。

從上文所例舉的各種神話中，我們能夠看出些什麼？大致上有兩點共同之處。

首先，各種異兆集中發生在歷代開國君主身上。這種狀況絕不是偶然。在君位世襲制度下，對於那些依靠血緣關係承繼大寶的君主來說，編造異兆的需要並不強烈，因為他們繼承君位的同時，已經從乃祖乃父那裡繼承了早就得到社會認可的「龍精龍血」。就開國君主而言，情況大有不同。他們不僅需要開創一個新的王朝，還得創造出一個能夠被社會認可的帝系血統。他們沒有現成的君主父祖可資利用，只好否認身為凡夫俗子的親生父親，宣揚自己是母親與神交合的結果，從而產生出一個新而高貴，源於神的君主血統。

其次，新君對血統來源的選擇，其標準十分固定和明確。中國遠古關於人與非人交配而妊娠產子的神話即相當普遍，例如，姜嫄踐巨人跡，生周人祖先棄，舜母見彩虹而生舜，女嬉得意苡而生高密等等。這些傳說都是母系氏族社會「知其母，不知其父」的原始狀態之遺跡。古人因男性祖先世系無法追溯，玄鳥、彩虹、巨人跡等圖騰崇拜的對象就成了他們男性祖先的象徵。後世關於君主人種神異化的傳說，與上述情況根本不同。新君主在編造自己血統的來源時，並不是隨意選擇諸如玄鳥、彩虹、巨人跡之類圖騰，而是集中選自神和君權的特定象徵物——「龍」和「日」。這當然是抬高自身血統地位的必然需要。

人種的神異化，使君主處在某種介於人神之間的特殊位置。然而，無論血統來源有什麼樣的「神異」，都無法改變君主畢竟是人而不是神這樣一個事實。於是，宮廷中又耍出了新的花招，採用各種手段，為君主人身籠罩了種種神祕的色彩。

君主即便是人，其人身體貌也有異於常人之處。唐高祖李淵「體有三乳」；明太祖朱元璋「奇骨貫頂」；前趙劉聰「左耳有一白毫，長二尺餘，甚光澤」；晉武帝司馬炎竟然「髮委地，手過膝」。更可笑的是隋文帝楊堅，據說曾「頭上角出，遍體鱗起」。這些經過大肆宣揚的奇異之處，並非說明君主都是些「畸形人」，或是出現「人類返祖」的現象，而只是為了論證君主具有上天賦予的「非人臣之相」，使其人身顯得奇特、神祕。

神祕感往往來源於無知，無知又須借助於保持一定的距離。為了維持君主在臣民心目中的神祕形象，君主與臣民之間隔離著深不可越的鴻溝。深宮如海，成為君主隔絕臣民的屏障。嚴格的宮禁制度，使尋常百姓無法一睹「天顏」。這種深居簡出，與世隔絕的狀態，不僅是為了保護君主的人身安全，更重要的是為了掩飾君主凡身肉胎的真實面貌，人為地製造和增添神祕的氣氛。古人有云：「人主，天下之有勢者也，深居則人畏其勢。」一句話便暴露了君主深居簡出的真正目的。

神化君主，還需要極力美化君主的人格。只有這樣，才能增加君主對百姓的精神感召力。「神聖者王，仁智者君，武勇者長，此天之道 人之情也。」統潔者總是有圖使百姓相信：君主的人格完美，代表著偉大、睿智、聖明、仁德、英武。

事實上，古代君主不僅不可能具備上述美德，也不需要在實際上去追求這些美德。他們所要做的，僅僅是一番虛偽的表演，只要在臣民心目中造成君主人格神聖完美的假象，就算達到了目的。

對一位君主來說，事實上沒有必要具備全部的美德，卻很有必要顯得具備這一切品質。要顯得慈悲為懷、恪守信義、合乎人道、清廉正直。儘管君主在政治實踐中「常常不得不背信棄義、不講仁慈、悖乎人道、違反神道」，但應當十分注意，千萬不要從自己的口中露出一言半語與上述美德相左的話，並且注意使那些看見君主和聽到君主談話的人都覺得君主非常慈悲為懷、恪守信義、講究人道。

為了維護君主在臣民心目中聖明偉大的形象，任何缺點與過錯都不可能與君主有緣。每逢天災人禍降臨，為緩和百姓的不滿與反抗，君主有時也會頒布「罪己之詔」，做一番輕描淡寫的自我檢討。其目的十分明顯，即所謂「罪己以收人心」。不過，真正實質性的罪責，絕不能由君主承擔，往往是由臣屬替代君主承受。於是，在政治鬥爭的舞臺上便出現「替罪羊」的角色。「吾皇永遠聖明，罪責全在臣躬。」這就是古代政治的必然邏輯。

關於君權的神話，使一般臣民養成了對專制君主誠惶誠恐、敬畏卑順的習慣心理。既然是神，自不必去考慮君主是否尚有不可信之處，更不敢有半點懷疑與不恭。於是，在神異、神祕、神聖的君主面前，百姓只能頂禮膜拜，心悅誠服。由此，君主便可以安然無憂地穩坐在寶座上繼續作威作福了。

3 千金買骨，築臺拜將

戰國時期，燕國出了個昏聵的國王噲，把國政交給了大臣子之。這子之把燕國搞得一塌糊塗，發生了內亂。齊國趁機大舉進攻，攻陷了燕都。燕王噲被殺。

燕昭王在國難之際登上王位，痛心於父王的昏庸亂國，立志重振國勢，報仇雪恥。他的第一步棋是招覽人才。他把郭隗叫來，請其推薦天下賢士。

郭隗說：「您若是想招致天下賢士，應該首先重用國內的賢士，禮遇優待他們。天下百姓都知道您好賢，真正的賢人自然會不遠千里前來投奔。」

昭王答道：「你說的道理我明白。請你說說怎樣做？」

郭隗說：「和時有位國王特別喜愛千里馬，派人到處尋找。只要找到，就以千金重價買下。但是，三年過去了，他連一匹千里馬也沒有買到。這時，有個人自告奮勇，帶了千金外出買馬。三個月後，他花五百金買來一具馬骨，向國王交差。國王很生氣，衝著他發脾氣。買馬人卻不慌不忙地說了一番道理：『我花五百金買來馬骨，為的是讓天下人都知道您真心愛馬。連死馬都肯付出重金，何況活馬呢！以後不用派人到處去找千里馬，不久即會有人主動地把千里馬送來。』果然，不到一年時間，國王得到了幾匹真正的千里馬。現在大王您若真心求賢，不妨也採取千金買馬骨的辦法。可以先從我郭隗開始，把我當成個賢人對待。天下那些真正的賢人見到我這樣不入流的人物也受到厚遇，他們還可能不來投奔您嗎？」

昭王聞言大喜，立刻尊郭隗為師，為他修建了豪華住宅，提供優厚的生活待遇。又在易山旁建了一座高臺，裡面堆滿黃金，以作招待客人的禮物和費用。這臺就叫「黃金臺」。這樣一來，燕昭王求賢若渴的美名傳遍各國，各國賢士果然紛紛來投。趙國來了劇辛，洛陽來了蘇代，齊國來了鄒衍，衛國來了屈庸，都是很傑出的人物。

過了二十多年，燕國變得十分強盛，百姓富裕，兵精糧足。於是，昭王派樂毅為將軍，出兵攻齊，連戰連勝。攻硌齊國都城臨淄之後，齊王狼狽逃竄，隱身於民間。燕兵把齊國的寶物重器都搬運到燕國，燒掉了齊王的宮殿、宗廟。最後，燕兵攻占了大部分齊國土地，齊人只守住即墨、莒兩座小城。

東漢光武帝劉秀起義不久，率軍來到河北。這時他的勢力很弱，而河北正處於群雄並立，相互爭奪的態勢。其中占據邯鄲的王郎兵力強盛，聲勢大大超過劉秀。他以十萬戶侯的價格懸賞捉拿劉秀，在與劉軍正面交鋒中，多次打敗劉軍。但劉秀有勇有謀，經過艱苦不懈的努力，最後終於反敗為勝，消滅了王郎。

攻占邯鄲之後，漢兵從王郎府邸中搜出大批檔案，包括大量信件，有幾千封，其中有劉秀的部下當初暗地裡與王郎來往的物證。士兵將這些信件呈給劉秀，請他定奪。劉秀一眼也不看，下令當場焚毀，說：「不要讓這些信使我們內部產生隔閡。我寬恕他們，誰的心都是肉做的，懷過二心的人就會一心一意地跟隨我了。」

同樣的事在東漢末年又重演一次。這次的主角是曹操。曹操與袁紹在河北交戰，一次戰役後，曹兵繳獲袁紹大批文件，其中發現不少是曹操部下與袁紹暗中來往的信件。這下把柄在握，有人請求曹操：「我們應該乘此追出內奸，免得亂自內起。」

曹操卻下令把這些重要信件全部燒掉。他說：「我這樣做自有道理。當初袁紹兵多將廣，聲勢浩大，看起來很是一支勁旅。而我軍勢力微弱，地盤不穩，的確不能給人必勝的信心。在敵強我弱，勝負未分的時候，連我本人都搞不清自己能否保全性命，何況各位將領呢？人有求生的本能，有些膽小的人給自己尋條後路，暗中跟袁紹通聲氣，算不得什麼大事，不必追究了。」信件終於全數燒掉。很多人因此對曹操敬佩得五體投地，心悅誠服。

像這樣，能夠拋卻一時的恩仇而寬以待人，也是一種千金買義，表現了政治家的恢宏氣度以及統馭部屬的才略，也從而奠定了成功的基礎。

4 蜘蛛結網，呼風喚雨

一木難成林，孤掌難自鳴。成就大事業，非一朝一夕之功，也非一個英雄可獨自擔當。聰明的人應該認識到個人的力量終是有限，無論他的才能有多大，總要依靠眾人的力量，才能盡善盡美地發揮出來，達到自己的目的。

周瑜是有名的三國人物，他指揮了赤壁一戰，「談笑間，強虜灰飛煙滅」，成為著名的風流儒將。

初時，周瑜並不得意。他曾在軍閥袁術帳下，當過一個小小的居巢長，等於一個小縣的縣令。這時候，地方上發生了饑荒與兵災，糧食問題日漸嚴峻起來。居巢的百姓沒有糧食吃，就吃樹皮、草根，活活餓死了不少人，軍隊也餓得失去戰鬥力。周瑜身為父母官，看到這悲慘的情形，急得心慌意亂，不知如何是好。

有人獻計，說是附近有個樂善好施的財主魯肅，他家素來富裕，想必囤積了不少糧食，不如去向他商借。

周瑜聞計，立刻帶上人馬，登門拜訪魯肅。見到魯肅，剛剛寒暄完畢，周瑜就直接提出請求：「不瞞老兄，小弟此次造訪，是想借點糧食。」

魯肅一看周瑜豐神俊朗，顯而易見是個才子，日後必成大器，哈哈大笑道：「此乃區區小事，自當應允。」

魯肅親自帶周瑜去查看糧倉。這時魯家存有兩倉糧食，各三千斛。他痛快地說：「也別提什麼借不借的，我把其中一倉送給你好了。」周瑜及部屬一聽他如此慷慨大方，都愣住了。要知道，饑謹之年，糧食就是財富，就是生命啊！周瑜被魯肅的言行深深感動了，兩人當下定交，成了至友。

後來周瑜發達了，當上將軍，因牢記魯肅的恩德，將也引薦給孫權，魯肅也終於得到大幹一番事業的機會。

隋朝末年，天下動盪不安，各路豪傑並起。王世充是隋朝的地方官。在此動盪時代，他沒有馬上跳出來樹起義旗，而是暗地裡做一些工作，為以後成大事奠基。

江淮間的人素來彪悍輕狂，動不動就滋生事端，打架鬥毆乃至殺人是常有的事，再加上社會秩序不穩定，土匪、小偷多如牛毛。一時間，官府裡捉拿的犯人，監獄都是關不下了，三天兩頭鬧事。王世充心想：這些人都是要錢不要命的好漢，太平時節固然留不得，如今兵荒馬亂之時，正好派上用場，將來舉事，都是以一敵十的好士兵。主意打定，他就利用手中的職權，對這些好漢逐一「審問」，然後大事化小，小事化了，將他們一一放出監獄。這批歹徒本以為自己犯的事決討不了好，不殺頭就算不錯，未料碰上這麼一位「愛民如子」的好官，居然輕易就放了自己，於是個個感激涕零，當場指天誓地，說是以後王大人如有召喚，他們樂意腦袋掖在褲帶上，跟著他去幹一場。王世充見計策已經實現，心理暗暗高興。

後來起義軍聲勢日益壯大，隋朝官員再也坐不住了，不想把自己綁在這艘將沈的船上等死，紛紛造反。大將楊玄感就是其中一位。由於楊玄感威望高，他的造反影響很大，吳人朱燮、晉陵人管崇在江南地方起兵回應。這兩人號稱將軍，擁有人馬十餘萬，聲勢煞是浩大。隋煬帝很畏懼他們的勢力，派遣大將吐萬緒、魚俱羅率大軍曾去征伐。但再三攻打，都沒有取勝。

王世充認為他的機會到了。他的如意算盤是：先打著隋軍的旗號，正當合法地召募人馬，又能得到中央財力物力的支持，比率先打出義旗占優勢得多。而且，現在召集一支隊伍去攻打朱、管，憑著自己的才幹和實力，一定能夠取勝。這樣，在隋軍中，他就能嶄露頭角，成為一支勁旅。到最後，待他大權在握，決定去留，就只憑他一句話了。

於是，他當機立斷，招募兵馬。江淮間子弟以前受過他恩惠的，聞風而動，紛紛趕來效力，很快就聚集了一萬多強悍的士兵。他率這支隊伍去征討朱、管，連連得勝。每次打了勝仗，他都大肆褒揚部下將士，許多人都立功受獎；每次繳獲的財物，都按人頭分下去，他本人分毫不取。他的部下為他的無私、公正，欽佩得五體投地，紛紛說：「不替這樣的人賣命，替誰賣命？」

王世充的部隊像滾雪球般壯大起來，隋軍中，就數這支隊伍功勳最為卓著，不久便成為最強勁的軍隊。

魯肅是多金的富家子，地方上的望族，有足夠的資本支持自己達到光宗耀祖的目的。但是，有這先決條件還不夠，他如果不廣結人緣，又怎能讓周瑜知道他？周瑜不瞭解他，不推薦他，他又怎能在孫權的東吳政權中充任大將，發揮他重大的作用？

就王世充而言，廣結人緣就更為重要了。一個小小官吏，勢單力薄，要按部就班往上爬，何年何月才能出人頭地？要振臂一呼，宣布起義，有多少人會跟著走？對他來說，廣泛結交，多行恩德，是最明智之舉。只有這樣，才能擴大他的影響，使人甘心情願替他做事，他才能在政治上一展鴻圖。

總之，無論一個人是何等英雄了得，沒有群眾的支持，只能孤掌難鳴，落得孤家寡人的下場。構造一個廣泛的關係網，使人人願意幫助自己、跟從自己，才能最大限度地展現自己的才能，達到呼風喚雨的境地。

5 朱元璋明救暗殺小明王

元末農民起義中，群雄割據，其中以朱元璋、陳友諒和張士誠最為強大。他們都想吃掉對方，稱王稱霸。

一三六二年5月，朱元璋受到陳友諒和張士誠聯合對應天採取的兩面夾攻。在雙方正進行一場血戰的險惡形勢下，江北形勢驟變。小明王韓林兒和劉禮通派出的三支北伐軍遭到元軍反擊而慘敗。小明王退兵安豐。張士誠趁機派大將呂珍圍攻安豐，情況十分危急。小明王多次派人向朱元璋徵兵解圍。

這天，朱元璋召開軍事會議，討論派兵解圍問題。會上議論紛紛。有的說：「我軍正和陳友諒血戰，自己還顧不了，若分兵北去，陳友諒乘虛進攻，那我們豈不是進退無路？」有的說：「救出小明王，對我們會有什麼好處？不是平添一個頂頭上司管制我們嗎？」眾將都反對派兵，連軍師劉基也不同意。朱元璋卻力排眾議，對大家說：「我自有安排！」他毅然決定派兵去救安豐小明王。

朱元璋為什麼願冒此風險？他葫蘆裡究竟賣什麼藥？狡猾奸詐的朱元璋自有他的

鬼算盤：安豐是應天的屏障，安豐失守，自己的應天就暴露在敵方攻擊的矛頭之前，救安豐就是保應天。至於小明王，他在紅巾軍和群眾中影響最大，有號召力，是一面旗幟。自己尊小明王為主，打他的旗號，一來，可利用小明王的影響，爭取人心；二來，敵方打擊的矛頭首先衝著小明王，可實現自己今後更大的圖謀。於是，朱元璋親自率軍北上，殺退呂珍，保住了安豐。小明王對他感激零涕。朱元璋乘勝回師，和陳友諒在鄱陽湖展開一場激戰，陳友諒兵敗身死。朱元璋獲得大勝後，打著小明王的旗幟，又被封為吳國公。此後，他利用小明王的旗號，達到更大的目的。

安豐戰後，朱元璋決心把小明王控制在自己手中。他先把小明王迎到滁州，給小明王建造了巍　的宮殿，安排了威武的鑾駕儀仗、豐厚的食物和華麗的服飾。小明王對朱元璋本已感激不盡，朱元璋在滁州做了這樣的安排，使他由感激簡直發展到感恩。他哪裡想到，朱元璋已迅速安排親信，對他實行封鎖、隔離，甚至把侍奉他的宮中人員全部換上自己的部屬。從此，小明王的一切，統統在朱元璋的掌握之中。

一三六四年以後，朱元璋節節勝利，兵多地廣，野心大發，乾脆取消小明王賜給他的吳國公封號，自立為吳王。在他眼裡，小明王已無多少利用價值，而且越來越成為絆腳石。他尋思：「有小明王在，我永遠是個臣子……」於是他策劃了一個「借刀殺人」的詭計。

不久，朱元璋派專使到滁州晉見小明王。專使對小明王說，朱元璋很關心他的身體、生活，日夜企盼與他在一起，並已在應天做好準備，擇日迎接他回駕應天。小明王聽得心花怒放。他感到朱元璋安排得如此周到，如此忠心，真是難得的忠良！他滿口答應下來，準備回應天過皇帝的安樂日子。

小明王準備停當，高高興興地坐上了專使派的船，向應天進發。行進中，江上風平浪靜，小明王興致勃勃地站在船頭觀賞水天景色。突然，船身一震，顛翻過去，小明王及隨侍宮女掉進江中，全部淹死。臨死時，小明王還念念不忘感激朱元璋的迎駕之德呢！他哪裡知道，正是朱元璋的密令害死了他。

朱元璋接到小明王淹死的消息，為掩人耳目，把船工斬首示眾，還假惺惺痛哭了一場。其實他正在慶幸自己的陰謀得逞呢！

兩年後，一三六八年正月，朱元璋在應天正式登上皇帝寶座，國號大明。

6 石碏大義滅親

東周初年，衛莊公有三個兒子，長子桓，次子晉，三子州吁。州吁生性乖戾，喜武談兵，動輒講打講殺。莊公卻非常喜愛他，任其所為，一點也不加以禁止。

大夫石碏是一個正直的人，國人對他很信任。他曾勸說莊公：「凡做父母的，對子女要嚴加教育，不要溺愛過甚。縱容太過必生驕，驕必生亂，這是必然的道理。主公若想把王位傳給州吁，便馬上立他為繼承人。不然，就要管制他，叫他不要這樣橫行放肆，免得日後攪出禍患。」

這些話，莊公都當成了耳邊風，對州吁的行動，照樣未加干涉。

石碏有個兒子叫厚，和州吁的個性一樣，好似天生一對寶貝，經常同玩同遊，並車去打獵，騷擾居民。石碏看不過眼，將石厚鞭責了一頓，並把他鎖禁在一個空房裡，不准他再出外去惹是生非。可石厚野性不改，竟然爬牆跑了，躲在州吁府裡不回家。石碏沒辦法，只能裝聾作啞，把氣忍在肚子裡。

不久，衛莊公死了，公子桓繼承了王位，稱號桓公。桓公生性懦弱，毫無主張。

石碏見他這樣沒作為，而州吁又是那樣囂張，料定將來一定會生亂子，於是便藉口年老，辭職歸家躲起來，對朝政不理不問。

這樣一來，州吁更加肆無忌憚了，日日夜夜和石厚商量著怎樣奪取王位。正巧周平王死了，太子即位。這是國家的一件大事，各地諸侯要親往吊賀，衛桓公也整裝入朝。石厚趁這個機會向州吁獻計：「明天桓公要起程入朝，你可設宴在西門外，假意給他餞行，預先埋伏五百名勇士在門外，敬酒時，趁機把他殺死。如有哪個不服從，立即將他消滅。這樣你就可得王位了。」州吁一聽大喜，令石厚去部署一切。

第二天一早，桓公要出發時，州吁把他迎入竹館。筵席早已擺好，州吁躬身向桓王進酒：「兄侯遠行，臣弟特備薄酒與兄侯餞別。」桓公說：「又讓賢弟費心了！我此行不過月餘就可以回來，敢煩賢弟暫時代理朝政，小心在意。」

「兄侯放心，小弟會特別小心。」州吁說完，連忙斟滿酒杯，奉給桓公。桓公一飲而盡，亦斟了杯酒回敬。州吁雙手去接，假裝失手，把酒杯跌落在地。桓公不知是計，叫左右取過另一酒杯，想再敬州吁一杯。州吁趁機轉到桓公背後，掏出刀子，向桓公背後猛刺。桓公便這樣當場被殺死。於是州吁自立為君，拜石厚為上大夫。他的二哥公子晉著了慌，逃到邢國。

州吁即位後，聽到外邊沸沸騰騰，都在傳說他殺兄奪國的事，因此又和石厚商議起來。他說：「你聽見外面的話沒有？全國百姓都在批評我。看來，唯有施展武威，同鄰國打一次勝仗，才能壓制國人的反抗情緒。你說，應向哪個國家動兵？」

「那自然要攻打鄭國。鄭國侵略過我國，正好趁此機會報仇雪恥！」石厚很高興地回答。

他們計議停當，立即動員向鄭國發動攻勢。五天內，果然打了一個小勝仗。石厚立即下令班師。「為什麼班師？」州吁驚訝地問道：「大軍還未接觸呢……」

石厚請州吁屏退左右，再告訴他：「鄭兵素稱強悍，我們沒有勝利的把握。現在打了個小勝仗，已可以向國人示威一番。何況主公登位未久，國事未定，若久留在外，恐怕國內生變！」就這樣，石厚得意洋洋，叫兵士沿途高唱凱歌，擁著州吁，浩浩蕩蕩地班師回朝。可是，國人仍然不擁護他們。

「打了勝仗回來，國人還是不服從，還有什麼辦法？」州吁又問石厚。

「我父親是一個正直的人，國人對他很尊重。不如主公把他再徵入朝，給他一個重任，國人就一定沒話說了。」

州吁當即命人帶了很多名貴的禮物去聘石碏入朝議事。

石碏推辭道：「我年老了，病又一天天沈重起來，實在是上朝不得呀！」

州吁又問石厚：「你父親託病不肯入朝，我想親身去向他請教，如何？」

「主公親往，他也未必肯見。還是我回家一趟，代主公先說句好話吧！」於是，石厚兼程回家。

石碏見他回來，問道：「主上召見我，究竟為了什麼？」

石厚回答：「只因國人對他沒有好感，主上誠恐王位不穩，故想請父親決一良策！」

石碏說：「這有什麼困難？凡是諸侯即位，必先稟告於朝，求得天子認可。如果主上能得到周天子的誥命，國人還能夠說什麼呢？」

「這意見太好了！但現在無故入朝，恐天子起疑。最好先有一個在天子面前說得上話的人疏通一下。但誰可以說得上話呢？」石厚說完，向父親投去希望的一瞥。

「那還不容易！」石碏抖擻一下精神，說：「目前周天子最相信的是陳國的桓公，只要他一說，包準成功。如果主上能親往陳國走一趟，央求陳桓公幫忙，絕不會失望。」

石厚回京，把這番話告訴州吁。州吁不勝歡喜，立即備好禮物，帶石厚前往陳國。石碏和陳國的大夫子鍼很有交情，他見機會來了，乃割指用血寫了一封信，托一個心腹帶往陳國，祕密交給子鍼，托他轉呈陳桓公。陳桓公拆開信一看：

外臣石碏百拜致書陳賢侯殿下：衛國褊小，天附重殃，不幸有弒君之禍。此雖逆弟州吁所為，實臣之子厚貪位助桀。二逆不誅，亂臣賊子行將接踵於天下矣。老夫年老，力不能制，負罪先公。今二逆聯車入朝上國，實出老夫之謀。幸上國拘執正罪，以正臣子之綱，實天下之幸，不獨臣國之幸也。

陳桓公看罷，問子鍼：「你看這件事怎麼辦？」

子鍼毫不考慮地回答：「我國和衛國素相親睦，衛國的不幸即我國的不幸。他們來，是自來送死，切不能放他們回去！」

於是，定下擒州吁之計。

翌日，太廟上擺設得嚴肅堂皇，陳桓公站在主位，左右文官武將排列得很整齊。大夫子鍼先陪石厚到來。一上石階，石厚一眼瞥見門口豎立一個白牌，寫著「為臣不忠，為子不孝者，不得入此廟。」十四個大字，登時心裡一怔，回頭問子鍼：「立這個牌是什麼意思？」

子鍼很禮貌地解釋：「這是我國上幾代立下來的規矩，已經有幾十年了。」

石厚一聽，才把心放下。不一會，州吁到了，方要鞠躬行禮，只聽子鍼揚聲高呼：「奉周天子命令，擒拿弒君賊州吁、石厚兩人，餘人俱免！」話聲未完，已先把州吁拿住。石厚急忙拔劍想抵抗，埋伏於左右壁廂的武士一擁而上，把他捆住了。

桓公想將州吁、石厚就地正法。

左右臣子都異口同聲地說：「石厚乃石碏的親生子，這件事又是他發動的，未知他的意思怎樣？不如請他到來，把兩人交給他親自處置，才可以避免誤會。」

於是，桓公把州吁和石厚分別監禁起來，連夜使人前往衛國，通知石碏。石碏見陳國有使者到，心中已明白一切，即令人駕車伺候，準備上朝，再派人通知眾官出朝相見。眾官員聽說石碏破例上朝議事，很是驚奇，懷著焦急疑惑的心情齊集在一起。石碏到來，當眾宣讀陳候的來信，說州吁和石厚已被陳國拘禁起來，專等衛大夫前去親自發落。

「各位都明白了一切，敢問要怎樣處置這兩個忤臣逆子？」石碏問道。

「這是國家大計，全憑國老主張就是了。」群臣齊聲回答。

石碏正顏道：「兩個逆徒惡行昭彰，俱罪在不赦！不明正典刑，何以謝先靈？有誰到陳國去誅此兩逆賊？」

右宰醜站出來說：「亂臣賊子，人人得而誅之。州吁這個畜生，我去解決他！」

此時，有人出來為石厚求情。話未說完，石碏拍案大怒：「州吁之惡，皆由逆子所釀成，各位說要從輕發落，難不成懷疑老夫徇私？我要親自前去，殺此不忠不孝的逆賊！」

家臣獳羊肩連忙說：「國老不必發怒。我願意去執行國老的命令！」

衛國二臣趕到陳國，謝過陳侯，先後去執行任務。

右宰醜把州吁押赴市曹。州吁怒道：「我是君，你是臣，安敢犯我？」右宰醜說：「你兄長為君，你為臣，你卻把他刺死了，我不外跟你學罷了。」說完，一刀下去，州吁登時身首異處。

獳羊肩把石厚押出來。石厚向他求情：「我自知死有餘辜，只請你把我押回衛國，見父親最後一面，然後就死！」獳羊肩回答：「我奉你父親的命令而來，將你就地正法。你要見父親，我帶你的頭回去見即可！」言畢，立即將他正法。

7 把你賣了，還讓你感激不已

真鬥不過假，實鬥不過虛。帝王高明的表演術，可以令部屬在被殺頭的時候還對他感恩戴德，連連稱謝，可以令手下心甘情願地衝鋒陷陣，死而無憾。

李世勣是唐朝的開國功臣，第一個被賜「國姓」（他原姓徐），唐太宗李世民晚年更囑以托孤重任。對這樣的重臣，李世民自然十分重視感情上的拉攏。

有一次，李世勣得了急病，醫生開的處方上有「鬍鬚灰可救治」的話。李世民看了，毫不猶豫地剪下自己的鬍鬚作藥引。古人說：身體髮膚，受之父母，不可損傷。因此，他們不剃髮，不剪鬚。至於皇帝，更是連身上的一根汗毛也珍貴無比。李世民的舉動，實在異乎尋常，前無古人。李世勣感動得熱淚長流，叩頭以至流血，表達他感激之情。李世民卻說：「這都是為了國家，不是為了你個人，有什麼可謝的！」

房玄齡是李世民最倚重的大臣，長期擔任宰相之職，對唐朝開國初年制度的建立、社會經濟的發展，做出重大的貢獻。後來他犯了些小過失，太宗譴責了他，並令他回家閉門思過。

中書令褚遂良奏道：「當年陛下起兵反隋，房玄齡率先投奔；後來更冒殺頭之罪，為陛下決策，使陛下得以登上帝位；幾十年來，他對國家大政方針的制定，都有過重大的建樹；朝廷大臣之中，數房玄齡最為勤勞。如果他沒有不可赦免的大罪，就不應該遺棄他。陵下若認為他年老，可以勸他退休，不應該因一些小過失而忘記他數十年的功勳。」

太宗一聽，立即下令將房玄齡召還。某日，他到芙蓉園遊玩，途經房玄齡家，特意前去拜訪。房玄齡也估計到皇帝會來，早就命令家人將門庭灑掃一新，自己在家恭候。君臣相見，盡釋前嫌。太宗隨即載同房玄齡還宮，兩人和好如初。

房玄齡病重時，太宗為了及時瞭解病情，探視方便，竟命令將皇宮圍牆鑿開，以便直達房玄齡家。他每天派遣使臣前去問候，並派名醫前去治療，讓御膳房送去飲食。聽到房玄齡病情有所減輕，便喜形於色；一聽說加重，又滿臉愁雲。房玄齡彌留之際，太宗親自來到病床前，與之握手話別，悲不能禁。

唐太宗不只對待功臣關懷備至，對待罪臣，在繩之以法的同時，也常常動之以情，叫他死而無怨。

侯君集也是唐朝開國功臣之一。後來他因居功自傲，生性貪婪，在平定高昌國時，未經報告，將一些無罪的人收為家奴，又私自取去高昌國的大量寶物，據為己有。上行下效，其麾下將士也學著主帥，紛紛行竊盜之勾當。侯君集因自己有短，也不敢管束。班師回朝後，被人揭發，送進了大牢。

後被釋放，卻從此心懷不滿，萌發謀反的念頭，與那個荒唐之極的太子李承乾攪混在一起，鼓動其鬧事。他曾伸出粗壯的大手，對太子說：「這雙好手，當為殿下效力！」

不久，陰謀敗露，唐太宗對他說：「你是有功的大臣，我不想讓你去受獄中官吏的侮辱，因此親來審訊你。」

侯君集先是不承認。太宗召來了證人，將他謀反的前後經過一件件陳列出來，又出示了他與太子往來的密謀信件。侯君集理屈辭窮，只好認罪。

太宗徵求眾臣的意見：「君集立過大功，留他一條活命，你們看行嗎？」眾臣都不贊成。太宗長歎一聲。說：「只好與足下永別了！」說完淚如雨下。

侯君集後悔莫及，臨刑時，對監刑將軍說：「沒想到我會落到這個地步！可我早年便追隨陛下，平定異族時立有大功，請求陛下能留下我一個兒子，以保全我侯氏這一門的血脈。」

按照唐律，謀反者不只要滿門抄斬，而且禍及九族。可太宗網開一面，赦免了他的夫人及兒子死罪，只流放到嶺南。

8 以「仁心」裝點「殺心」

清太祖努爾哈赤是清王朝事業的奠基人。他以十三副鎧甲起兵，經過數十年的艱苦創業，終使滿族發展成能與明朝抗衡，最後戰而勝之的力量。這裡頭當然有許多原因，而努爾哈赤長於表演，廣攬人才，則是其中的重要因素之一。

明萬曆十一年（一五八三年）五月，努爾哈赤以報仇為名，揭開了統一女真各部的序幕。當時，女真各部互不統屬，「各部蜂起，皆稱王爭長，互相戰殺，甚且骨肉相殘。」努爾哈赤起兵之初，就處在各部勢力包圍之中。因此，最大限度地籠絡人心，爭取人才，是他面臨的首要任務。而他恰恰體現了這種才能。

萬曆十二年（一五八四年）四月，一個風雨交加的夜晚，一名刺客潛入努爾哈赤的住所，準備行刺。努爾哈赤聽到窗外有輕微的腳步聲，警覺起身，「佩刀持弓矢，潛出戶，伏煙突旁伺之。」這時，一道閃電劃破黑暗，他看見那個刺客正在窗前窺視，立刻一個箭步躍上，用刀背將刺客拍倒，然後呼人將其捆綁起來。侍衛洛漢聞聲趕到，見狀，提刀要斬。努爾哈赤心想：救人容易，可一旦斬了他，又要樹敵，於己不利，不如攻心為上，將其寬恕。於是，他大聲訊問：「爾非盜牛來耶？」刺客一聽，就勢回說是來盜牛。洛漢在一旁著急地說：「誑言也。實欲害吾主！殺之便。」努爾哈赤非常冷靜，若無其事地說：「實盜牛也。」於是，放走了刺客。

五月的一個深夜，又有刺客義蘇潛入努爾哈赤的住宅，準備行刺。努爾哈赤像上次一樣，迅速將刺客捉住，又將其釋放。

這兩件看上去似乎很平常的小事，卻產生了轟動效應。很多人都認為努爾哈赤「深有大度」，爭相投奔他。這正是他所期待的結果。不僅如此，就連在戰場上面對面廝殺過的敵人，只要他認定是有用之才，也能做到盡棄前嫌，化敵為友。

萬曆十二年九月，努爾哈赤率兵攻打翁科洛城，並親自登高勁射。戰鬥正激烈進行，翁科洛有一位守城勇士鄂爾果尼藏在暗處，向努爾哈赤施放冷箭。努爾哈赤沒提防，躲閃不及，被射傷。他拔出帶血的箭，繼續指揮戰鬥。這時，又有一個叫羅科的守城戰士藉煙霧掩護，隱到努爾哈赤近處，一箭射中其脖頸，雖然未中要害，但箭捲如雙鉤，入肉一寸多。箭拔出之後，「血湧如注」，「血肉並落」，努爾哈赤昏死過去。攻城部隊只好撤退。

傷癒之後，努爾哈赤再次出兵，攻陷了翁科洛城，並生擒了上次射傷他的鄂爾果尼和羅科。眾將憤怒至極，要將二人亂箭穿胸處死。

面對群情激憤，努爾哈赤顯得十分冷靜。他非常欽佩兩位勇士的英勇善戰，有意收為自己的部下，於是對眾人說：「兩敵交鋒，志在取勝。彼為其主，乃射我，今為我用，不又為我射敵耶？如此勇敢之人，若臨陣死於鋒鏑，猶將惜之，奈何以射我故而殺之乎？」說罷，親自為二人解綁，並好言安慰。

鄂爾果尼和羅科被他這一舉動感動得流下熱淚，當即表示願意歸順，誓死效力。後來，兩人果然英勇作戰，為努爾哈赤的統一事業立下戰功。

9 順德者昌，逆德者亡

所謂「德」，作為手段和工具，可以一用；作為目的和歸宿，不值一文。「順德者昌，逆德者亡。」用得著的時候，講來聽聽而已，不過是帝王將相用作沽名釣譽的工具罷了。

秦亡，劉邦和項羽爭奪天下。以軍事實力而言，劉邦遠不如項羽。可是，劉邦善於從政治上打擊對方，並常常以此擺脫軍事上的被動。他為義帝發喪，就是一個典型事例。

義帝即楚懷王，是繼陳勝之後反秦武裝的共主。他實際上是戰國時代楚國國君楚懷王的孫子，名心。他被反秦武裝推舉為王，是在公元前二〇八年。

陳勝犧牲後，反秦武裝群龍無首。面對秦軍強大的攻勢，各路義軍會集薛地議事，商量對策。項梁、項羽叔侄和沛公劉邦也分別前往。

會議期間，范增對項梁說：「陳勝的乃是必然之理。秦始皇兼併六國，楚最無罪。自從楚懷王入秦被扣，不得返國，楚國百姓至今耿耿於懷。所以南公曾說：『楚雖三戶，亡秦必楚。』陳勝反秦，卻不立楚懷王的後裔，其勢自然不可能久長。現在君起兵江東。楚地義軍蜂起，他們之所以爭相歸附你，就是因為項氏世代為楚國將領，希望跟隨你，重新擁立楚國國君的後代。」

項梁聽從范增的意見，在民間求得為人牧羊的楚懷王之孫（名字叫心），同樣立為楚懷王，以從民望。

楚懷王得立，義軍有了一個象徵性的指揮中心，形勢迅速好轉。項羽與劉邦聯兵攻城陽，又在雍丘大破秦軍，斬殺秦相李斯的兒子李由；項梁也在定陶擊敗秦軍。可惜此時項梁滋長了驕傲情緒，被秦將章邯夜襲得逞，在定陶前線陣亡。於是，義軍收縮戰線，由項羽軍駐城東，呂臣軍駐城西，沛公軍駐碭，三支義軍成犄角之勢。

章邯襲破項梁之後，又渡河北擊趙，進而包圍鉅鹿。懷王見形勢危急，就任命宋義為上將軍，項羽封魯公，為次將，范增為末將，率諸將北上救趙。行軍途中，因作戰意見分歧，項羽怒殺宋義。懷王只得派人立項羽為上將軍。項羽由是威震楚國，名聞諸侯。鉅鹿一戰，項羽破釜沈舟，大破秦軍。

起初，楚懷王與各路義軍將領約定，先入關中者王之。懷王和諸老將皆認為，項羽為人剽悍，所過無不殘滅，而沛公劉邦為寬大長者，故決定由劉邦西進。

公元前二〇六年十月，劉邦順利入關，進抵灞上，接受了秦王子嬰的投降。二個月後，項羽繼取得鉅鹿之戰的勝利，也叩關而入。雙方為爭奪關中統治權，幾乎兵戎相見。只因劉邦自認勢力不敵，在鴻門宴上卑辭求和，實際上承認了項羽號令天下的霸主地位，才使矛盾暫時緩解。可是，項羽派人向懷王報告時，懷王卻堅持原定的約言，要劉邦王關中。項羽勃然大怒，以為：「懷王者，吾家武信君所立耳，非有功伐，何以得顧主約……滅秦定天下者，皆將相諸君與力也。懷王無功，固當分其地王之。」他以分王封侯作為誘餌，諸將立即表示同意。

於是，項羽表面上尊奉懷王為義帝，以「古之王者，地方里，必居上游」為由，將義帝由彭城遷到長沙郡，都郴。然後，自立為西楚霸王，並分天下以王諸侯。

項羽分王天下後不久，田榮就在齊地起兵反楚。僻居巴蜀的劉邦乘此良機，率軍明修棧道，暗渡陳倉，舉兵東向，與項羽爭天下。項羽為消除後患，陰謀指使九江王英布殺害義帝。劉邦率軍復出故道，迅速消滅了章邯等三秦王的勢力，終王關中。他採取一系列措施安定民生。之後，從臨晉渡河，降魏王豹，虜殷王卬，至洛陽。

當時，新城三老董公在道中攔住他，說：「臣聞：『順德者昌，逆德者亡。』且『兵出無名，事故不成。』故曰：『明其為賊，敵乃可服。』項羽無道，放殺其主，天下之威也。夫仁不以勇，義不以力，三軍之眾為之素服，以告之諸侯，為此東伐，四海之內莫不仰瞻。此三王之舉也。」

漢王點頭稱善。於是為義帝發喪，哀臨三日。並發使者通告各路諸侯：「天下共立義帝，北而事之。今項羽放殺義帝於江南，大逆無道。寡人親為發喪，兵皆縞素。悉發關中兵，收三河士，南浮江漢以下，願諸侯王擊楚之殺義帝者。」

在推翻秦王朝的鬥爭中，楚懷王（義帝）並不是舉足輕重的人物。但從身分地位來說，他是各路義軍擁戴的共主。換句話說，他是君，項羽和劉邦功勞再大，還是臣。項羽自恃功高，始則不遵懷王的約定之言，繼則放逐義帝，最後竟「放殺其主」。為此，得了一個「無道」，「天下之賊」的罪名。憑藉軍事實力的大小，可以決定某次戰役的勝負，但政治上的明暗更能影響民心的向背。影響戰爭最後之勝利的是後者，而不是前者。這就是劉邦為義帝發喪的真實用意所在。

沛公為義帝發喪，所取得的政治效果十分明顯。漢高祖二年（公元前二〇五年）夏四月，劉邦率五路諸侯東向伐楚。到外黃，彭越將三萬人歸附。隨即率師順利攻克西楚的都城——彭城。雖因劉邦輕敵和項羽率主力反擊，漢軍在隨後的彭城之戰中幾乎遭到毀滅性的打擊，但為義帝發喪和攻克彭城卻是劉邦與項羽分庭抗體的一個重要標誌。

10 「罪己術」

帝王必須總是裝出無比寬厚、仁慈、博愛和高尚的樣子，以顯示自己是偉大、聖明、仁德、英武、睿智、忠孝一切優秀品德的化身；必須時時刻刻把自己打扮成聖賢品德，勇於認錯等楷模形象，藉此自我神化的機會。

這類自責的「聖旨」有個專門名稱，叫「罪己詔」。下「罪己詔」，是帝王面臨重大政治危機時所採取的應急對策之一。因此，下這類詔書，我們可以看作是帝王為延續其統治而不得不使用的一種特殊策略──「罪己詔」。當臣民看到皇上頒布這樣「誠懇」的「自我批評」文字，大多會更加堅定他們「皇上聖明」的信念，並為此效忠。這就是「罪己詔」特有的政治效果。晉人習鑿齒曾對此發過這樣的議論：「承認過失而使事業興盛，這是最聰明不過的做法。如果推諉過失，只宣揚自己的成功，不提及自己的失誤，以致上下離心，人才流失，那可說是愚蠢至極。」「罪己」的做法，追溯起來，幾乎和「家天下」的制度同時產生。

湯王是商代的開國君主。在他當政期間，曾連續七年大旱。於是，他剪下自己的頭髮和指甲，到神社向上天祈禱：「你為何降災於民？難道是我施政有失？或是濫用民力，宮殿造得太多？或是有女人干政？或是我收受賄賂，聽信讒言？」

帝王將過失攬歸自己，說一聲「一切責任由我來負」，看來不易，說穿了卻很有「障眼法」成分。當然，我們不否認，確實有個別帝王是誠心要使天下大治而「罪己」：其一，帝王的「罪己」，不像大臣承擔責任那樣，有貶官的處分，如蜀相諸葛亮在初出祁山戰敗後，上表後主劉禪，引咎自責，自貶三等之類；皇帝還是皇帝，不損一根毫毛。其二，帝王「罪己」所列舉的種種過失，事後是否真的作為實事究辦，無人敢去查問。既然如此，又何妨多說些漂亮話，廉價地換回一點支持？

建炎三年（一一二九年），宋高宗趙構下詔「罪己」，一本正經地列舉了自己的四條過失，並要臣下將此詔「遍喻天下，使知朕悔過之意。」當時有個叫張守的大臣當即上書，對高宗的「罪己」提出批評，說現在徽、欽二帝尚在金人手中，如果陛下真的為他們著想，切實盡心於恢復大業的話，「天下為之助順者，萬無是理也。今罪己之詔數下，而天未悔禍，實的所未至耳。」

明萬曆繼位初年，因年紀尚幼，由母親李太后和內閣首輔張居正內外監護輔政。萬曆當時還是個孩子，在宮中常有些越軌行為，李太后和張居正就常用「罪己」的手段處罰他。一次，萬曆喝多了酒，乘興命內侍唱個新曲。內侍推說不會，萬曆便要用劍砍他。經勸說，還割下他的頭髮，說是「割髮代首」。

次日，太后聽到這件事，與張居正一起斥責萬曆，直把這個小皇帝責備得痛哭流涕，叩頭認罪。太后見他悔過，讓他將張居正起草的「罪己詔」朗讀一遍，並親手抄好，公布周知。這種形式的教育，是萬曆始終感到頭痛的事。

許多帝王常常在逝世前留下的遺詔中「罪己」。例如，清順治在遺詔中曾列舉自己當政的十四件大事以自責。這種「罪己」詔一般有兩種可能的意義：一種是遺詔出於新繼位的皇帝及輔政大臣之手。他們本來對「大行皇帝」執政的事務有諸多不滿之處，但儒家有「三年不改父之道」的遺訓，所以兒子一上臺就推翻老子的事項，無論如何，總有點「名不正言不順」，於是就借老子自己的嘴巴「罪己」，再由新皇帝加以糾正，這樣就「順」很多了。另一種是遺詔確實出於「大行皇帝」生前草就，但這並非他真有「悔過之意」——如果有，生前改過的機會有的是，大可不必在死前做總檢討——而是生前「洞知其蔽」，卻因「眾所周知」的原因，不願改，顧了在身後留下個好名聲，所以臨死前來一番「罪己」悔過的把戲。

11 趙穿陽奉陰違，殺晉靈公

魯文公六年（公元前六二一年），晉襄公病死，他的兒子夷皋還是一個襁褓中的孩子，不能理政。執政大臣趙盾想從晉文公的兒子中立一年長的公子為晉君，於是派人去秦國迎立襄公之弟公子雍。趙盾說：「公子雍善良又年長，先君也很喜歡他，他又與秦國親近，秦國是晉的老盟友。似此，立一個善良的人為君，國家會隨之安定；立先君所愛的兒子為君，就是孝行；聯合晉的舊盟國，有利於國家，就是忠誠；尤其是現今國難當頭，立年長者為君，符合臣民的願望。」

當時大夫狐射姑（字賈季）一心想立文公的另一個兒子，刻在陳國的公子樂。為了杜絕賈季的希望，趙盾特派人把正要回國的公子樂殺死。賈季不甘示弱，派人刺死了趙盾的親信大夫陽處父，然後逃到狄國避難。

正當趙盾等為立君問題矛盾對峙，而公子雍由秦兵保護，返回晉都的時候，晉襄公的夫人穆嬴抱著懷中的太子，每天到朝廷上哭訴：「先君有什麼罪過？他的兒子有什麼罪過？捨棄嫡長子為君，到外國迎立遮子，把太子放在什麼地位？」散朝後，穆嬴又抱著孩子到趙盾家中，向趙叩頭跪求：「先君臨終時，把這個孩子託付給你，還說這孩子很聰明，願意由你輔佐，成不成才，就看你對他的教育怎麼樣？先君已逝，他的話還在耳現在你卻要拋開太子不管，怎麼對得起死者？」

趙盾和朝中諸大夫都被穆嬴哭訴一事糾纏得頭昏腦脹，又擔心出意外，於是改變主意，放棄迎立公子雍，決意立太子夷皋為君主，是為晉靈公。為了防備公子雍回國添亂，趙盾還親率三軍，在令狐與秦康公所派遣護送雍的秦軍打了一仗，擊潰了秦軍。到秦迎立雍的晉大夫先茂因晉國失信，遂留在秦國。

年幼的靈公上臺後，朝政由趙盾主持。他盡心輔政，對外巧施外交，對內嚴於律法，執政期間，幾次召開諸侯大會。如魯文公十四年，在宋地新城的會盟，過去附屬楚國的陳、鄭、宋國都改而聽從晉國的號令。連周頃王與人發生糾紛，也請趙盾去為他們居中調停。

一晃十多年過去，晉靈公由剛立時的毛孩子長大成人，開始親政。他是一個荒淫無道的君主。魯文公十五年，他與宋昭公、衛成公、蔡莊侯等各國諸侯在啟城會盟，討論伐齊大計，居然接受賄賂，遂使諸軍隊中途退出，捨棄了到手的弱齊之機。對內，他向百姓橫徵暴斂，貪圖奢侈。趙盾多次當面直諫。為此，靈公非常討厭他。

魯宣公元年（公元前六〇八年），因靈公奢侈無度，朝中卿大夫一致要求把朝政交由趙盾主持。由此，靈公視趙盾為眼中釘；加上奸人屠岸賈從中挑撥，竟兩次派人刺殺趙盾。

一次，靈公派武士去趙盾家刺殺。武士一大早潛入趙盾府中，見趙盾的寢室門已經打開，趙盾早已穿好朝服正襟危坐，只因起來太早，坐在那裡打盹。武士見狀，退回室外，感歎道：「如此勤奮為國、恭敬君主、替民辦事的好人，殺之不忠，不殺又違背了君上的命令。處此兩難，還不如死了好！」於是自己撞死在趙盾家院子中的一棵槐樹上。

公元前六〇七年秋九月，晉靈公親自出馬，假意請趙盾進殿赴宴，暗中伏上甲士，想趁機殺他。趙盾不明就裡，安心飲酒。幸虧他的衛士提彌明細心，覺察到情況異常，趕緊扶他下堂。

靈公見一計未逞，又放出惡狗咬趙盾。提彌明出拳擊死惡狗，揮劍殺向圍上來的甲士，不久力竭戰死。

趙盾正孤身奮戰，突然甲士中一人倒戈反擊。原來這個甲士以前曾受過趙盾救濟，後來進宮當了靈公的甲士。他因趙盾在自己困難時伸出援手，此時遂感恩反戈。趙盾在他的掩護下奔出宮殿，也來不及收拾行裝，就離城外逃。出城時，正好遇見族弟趙穿田獵歸來，告知詳情。趙穿請他暫時外出避禍，朝廷的一切事宜由他安頓。

趙穿是晉襄公的女婿，靈公的姊夫，平時與趙盾關係親密。趙盾逃走之後，趙穿旋即上朝，裝出一副誠懇的樣子，對靈公說：「我們趙家人犯了錯，侵犯了陛下，請賢君免掉我的官職，處治我吧！」

靈公一聽，以為趙穿誠心誠意前來道歉，心中感動，忙說：「此事與你無關。是趙盾犯了欺君之罪，你還是好好供職吧！」

趙穿又說：「做國君，最大的快事就是及時行樂。先前齊桓公宮內美女充斥，還有妻妾六人；先君文公六十多歲還納姬擁美。賢君正當年壯，何不多選美女入宮？」

靈公本性荒淫，禁不住趙穿鼓動，趕緊問他：「你看，這事誰辦合適？」

趙穿答道：「大夫屠岸賈可以辦理。」

靈公聽從了趙穿的推薦，很快把佞臣屠岸賈打發去負責選聘美女的事宜。

趙穿見靈公已上圈套，又進一步施放煙幕，裝作十分關切靈公安全的樣子，上朝獻言：「大王常出宮，安全很重要。我想挑選一些粗壯的甲士衛戍。」

靈公誇趙穿忠誠，很高興地接受其請。趙穿立即回府，挑出二百個心腹甲士，詳細布置好任務。第二天奏報靈公：「甲士已經齊備，請您前去檢閱！」於是，靈公在桃園則看甲士，果然個個英武過人。靈公心中大喜，令賜宴趙穿。兩人行酒飲宴，正酣熱口乾時，趙穿發出動手暗號，站在左右的二百甲士立即揮戈向前。靈公還未來得及吭聲，已被甲士砍下腦袋。

趙穿殺死靈公之後，立即派人通知趙盾。趙盾此時尚未逃出晉國國境，得訊，立即回都城主持國政。回都城之後，他派趙穿前去周天子處，迎立晉文公另一子黑臀回國為君，是為晉成公。趙盾又改革舊的宗法制度，加強國內公族的力量。自此以後，趙氏公卿逐漸占據晉國朝廷的重要職任。

趙盾是晉國卿大夫中，一位有名的才幹之臣。晉襄公時，拜為中軍佐，居朝廷要位。史載他上任後制定典章，修正法令，清理獄訟，懲治罪犯，興革國政積弊，選賢任能，完備晉國的法律、制度，促進了晉國社會的發展。但就是這樣一位賢卿，遇上一個荒淫奢侈，殘暴縱欲的暴君，也是正不壓邪，兩次被暗刺，險些喪命，最後只得匆匆逃向國外。

對付此類暴君，倒是趙盾那耍弄陰謀的族弟趙穿所使的方法有效。他一味以言語奉承，曲意逢迎，順著荒淫的靈公心意，選美女，說好話，表忠心，做假戲，「笑口忠誠」，掩蓋自己意圖誅殺靈公的動機。待靈公受到蠱惑，他就以「盡忠」的二百甲士一舉殺死這個昏君。

此事例證明，政治鬥爭中，計謀的運用是何等重要。正人君子趙盾之失利，行計弒君的趙穿之勝利，正應了「善使陰謀者勝」這條現實的道理。

12 王莽為什麼有辦法篡位

王莽起初以皇親國戚起家，屈己下人，勉力而行，從而博取名譽，贏得了家族的稱讚。待他登上高位，輔佐朝政，一副為國辛勤工作，公正賢良的表象。他表面上寬仁厚道，本質上卻奸詐邪惡。他能篡奪皇位，竊取政權，靠的就是大奸似忠的假面見。

公元前五十二年，漢宣帝之太子劉奭寵愛的美女司馬良娣得病而死，自此悶悶不樂。一日，皇后為劉奭推薦五名美女。劉奭哪有心思，一個也看不上眼。被逼不過，隨手指了一下離自己最近的那個說：此人不錯。此女名叫王政君。

王政君被送入太子宮，太子卻早已忘了此事。一天，他在宮中，無意間撞見王政君，認真一看，覺得她十分可愛。仔細一問，才想起那日之事。一時興起，當時引入內室，脫光衣服，雲雨一番。王政君好福氣，只這一次寵幸，肚子就大起來。這肚子一大，大出了王家的顯赫，大出了王莽的篡國。王政君懷胎十月，生下一男，皇帝、皇后、太子都喜不自禁。皇帝為這皇孫取名劉驁。

過幾年，宣帝崩，太子劉奭即位，是為元帝。又過了幾年，元帝崩，劉驁即位，是為成帝。這麼一來，王政君成了皇太后，劉驁的舅父王鳳當了大司馬，王鳳的幾個異母兄弟都封了王家一下子顯赫起來。

王莽的父親王曼也是太后的異母兄弟。但王曼死得早，未能封侯。相比之下，王莽家就比較寒酸。少年王莽立下大志，決心有朝一日位極人臣，讓那些飛揚跋扈的族中兄弟看一看。

想爬上高位，必須弄個誠實的好名聲。於是，王莽發憤讀書，勤學好問，生活節儉，疏遠遊手好閒之徒，結交飽讀詩書的京中名士，對人十分恭謹，在京城中贏得朝野讚譽。

有了好名聲，並不等於能爬上高位。最關鍵的是那位當大司馬的王鳳。於是，王莽竭力討好王鳳。有一次，王鳳得了病。這可是一個絕好的機會。他精心伺候伯父，守在病榻邊，照料，事必弓親。小至請醫把脈，大至煎藥倒尿，他毫無怨言；煎好藥時，還要親口嘗一嘗。王鳳病重時，他衣不解帶，晝夜服侍，臉都顧不得洗。這種誠心，令伯父大為感動。王鳳臨死之前，親口向太后托付，要她照顧王莽。由此，王莽得以升為黃門侍郎。後又升為射聲校尉。

除了王鳳之外，王莽對其他幾位叔父，也表現得甚為尊敬、誠厚、老實、勤儉。

這又感動了叔父王商。王商細一思量，整個王家花花公子多，勤儉的弟子少，真正能保住王家基業的只有王莽一個。於是他上書皇上，表示願意把自己的封邑分出一半給王莽，讓他封侯；朝中大臣也紛紛上書，誇獎王莽德才兼備，應該重用，引起皇帝重視。成帝永始元年（公元前十六年），王莽被封為新都侯，官職又升到騎都尉、光祿大夫。王莽雖然做了大官，絲毫不敢大意，仍然做出一副謙遜謹慎、誠厚忠心的樣子，而且生活仍然十分節儉，不蓄家財，錢財都用於資助名士，頗有輕財重義的豪爽氣概。

王莽的哥哥王永早死，王永的兒子王光和嫂子由王莽供養。王光在大學讀書，王莽特地帶了酒肉等禮物慰問王光的老師，與王光一同讀書的同學也得到贈禮。王莽身居高位，如此禮賢下士，令太學中的先生感激不盡。這些先生官位低微，個個一副寒酸相，誰看得起他們，唯獨王莽慧眼識珠。這樣一做，太學裡爭相宣傳王莽的美德，比今日在電視上做廣告還光彩得多。

朝中繼王鳳任大司馬的王根也是王莽的叔父。王根病重，多次請示卸任。這是千載難逢之機，王莽與表弟淳于長相爭此位。

淳于長善於辭令，揮金如土，淫於聲色，機敏能幹，很得成帝寵愛，成帝對他可說是言必聽，計必從。他官位在王莽之上。看來，此人接替王根的可能性極大。

為了奪得先機，王莽行動起來。他四處打探，尋訪淳于長的劣跡。淳于長淫於聲色，與一個名叫許娍的女人私通，後來乾脆取為小妾。這許娍正是成帝廢后許后的姊姊。

許后曾一度受寵於成帝。但她自不量力，想與傾國美人趙飛燕爭寵，用巫術詛咒趙飛燕，事發之後，被廢為普通妃嬪，皇后的位子也被趙飛燕奪去。許后哪裡甘心，想再次博得成帝歡心。她看到淳于長在成帝面前受寵，想透過姊姊許娍，與淳于長聯繫，賄以各色奇珍異寶。淳于長也是色膽包天，看許后雖被廢去，但姿色亦佳，還想揩點油，寫給許后的信，竟用種種下流的話調戲。

王莽查到許后向淳于長行賄的事之後，立即向王根、太后、成帝告發。經嚴厲審問、拷打，審出真相，淳于長以大逆不道的罪名被誅。

公元前八年，經王根在奏章中保舉，王莽出任大司馬。

到哀帝時，王莽因為大司徒孔光是著名的儒者，輔佐過三個皇帝，是皇太后所尊敬的人，全國人都相信他，於是極力尊仰孔光，選用孔光的女婿甄邯擔任奉車都尉，並加侍中銜。所有哀帝的外戚和他向來不喜歡的在職大臣，王莽都羅織罪名，寫成請示的奏章，讓甄邯拿去交給孔光。孔光一向謹慎，不敢不呈上這些奏章。王莽再報告皇太后，得到批准。

由此，依附順從王莽的人被提拔，觸犯怨恨他的人被消滅。王舜和王邑成為他的心腹，甄豐和甄邯掌管糾察彈劾的工作，平晏管理機要事務，劉歆主管典章制度，孫建成為他的得力助手。還有甄豐的兒子甄尋、南陽郡人陳崇都因有才能而得到王莽的寵愛。王莽臉色嚴厲，說話一本正經，想要有所行動，只須略微示意，同夥就會秉承他的意圖，明白地報告上去。他自己卻磕頭哭鼻子，堅決推辭那些事。對上，他就用這種手段迷惑皇太后，對下則用這種手段向廣大群眾顯示誠實。

一次，有大臣向太后報告，請求比照以前的大司馬霍光和相國蕭何的成例，讓王莽受封。

王莽上報告說：「我和孔光、王舜、甄豐、甄邯共同決策，擁立新皇，現在希望僅條陳孔光等人的功勞和應得的賞賜，放下我王莽，不要和他們相提並論。」

眾臣建議：「王莽雖然克己讓人，朝廷還是應當表彰，及時給予賞賜，表明重視首功，不讓百官和百姓失望。」

皇太后便下詔書，把召陵、新息兩縣民戶二萬八千家封給王莽，免除他的後代差役的義務，規定他的子孫可以原封不動地繼承他的爵位和封邑，以褒賞他的功勳。這是仿照高祖時代蕭相國的成例。又任命王莽擔任太傅，主持四輔的工作，稱號安漢公。把從前蕭相國的官邸賞作安漢公的官邸，並明確規定在法令上，永遠留傳下去。

王莽裝作誠惶誠恐的樣子，不得已才上朝接受策命。他只接受了太傅的官位和安漢公的稱號，辭謝了增加封他和規定子孫可以原封不動地繼承爵位、封邑這兩項賞賜，說是希望等到老百姓家家都富足了，再議此事。眾臣力爭，王莽仍推辭，且建議把諸侯王的後代和自高祖以來的功臣子孫賜封為列侯。

王莽已經贏得朝野的好感，但他最想要的是專權獨斷。隨著地位的鞏固和權勢的增長，他的權力欲愈益滋長。他從政治鬥爭的得失中認識到，控制皇后至關重要。這可以更加鞏固他的權位。元始二年（公元二年），他提出為平帝議婚，打算趁機把自己的女兒配為帝后。為此，他展開了各種活動，終於達到目的。

不久，平帝去世，議立新君。因元帝一系的子孫已經滅絕，宣帝一系有曾孫數十人，他們都已成人，不利於王莽篡位。王莽藉口「兄弟不得相為后」，就在宣帝的玄孫中挑了一個年僅二歲的劉子嬰繼位，以便從中行奸。

其後，王莽的黨羽迎合他的意思，假造了一個刻有「告安漢公莽為皇帝」的符命石，然後上奏王政君。王政君堅決反對：「這種符應之事，不可施行。」然而，她仍禁不住位居高官的王莽黨羽蠱惑，糊塗地下令，允准王莽「如周公故事」。王莽名義上雖是「攝皇帝」，其它一切禮儀、制度都與皇帝無異。

當了攝皇帝，想當真皇帝。王莽的黨羽密謀弄假成真時，王莽「謙恭」的假面具被揭開，「巧偽人」的真面目暴露無遺。一些過去對王莽認識不清的人和部分漢室子弟開始覺察到王莽的野心，他們進行了好幾次試圖推翻王莽的起事和政變，可惜都沒有成功。王莽的黨羽把這些比為周公居攝時的「管蔡之變」，說什麼「不遭此變，不章聖德」。但王莽心中明白，深恐夜長夢多，就在他「居攝」的第三年便匆匆忙忙公開篡位奪權了。他派堂兄弟王舜去向王政君索要傳國玉璽。

這時，王政君終於看清了他的真面目。她痛罵王莽和王舜，把傳國玉璽狠狠地摔在地上。從此，王政君與王莽徹底決裂，退居深宮，仍穿漢家服飾，按漢廷舊制生活，以示堅守名節，不與王莽同流合污。

公元六年，王莽正式稱帝，國號「新」。至此，王莽徹底將漢家江山奪了過來。

第3章
隨機應變，小心能駛百年船

主張性善說者，無異於說：「世間盡是好人，你是好人，我也是好人。」說這話的人，怎麼不受歡迎？
主張性惡說者，等於說：「世間盡是壞人，你是壞人，我也是壞人。」說這話的人，怎麼不受排斥？

——李宗吾

1 能屈能伸才是大丈夫

通權達變、委屈求全是官場通例，也是政治家的處事原則。恪守信念、寧死不屈是書生品格，也是仁人志士的處世信條。這是兩條格格不入的觀念。前者不無道理，後者尤為「真理」。只是，想把這兩種觀念統一起來卻很難。道理很簡單，前者是做官，後者是做人。

吳起是戰國時期著名的軍事家。他出生於衛國，後在魯國學習兵法，漸有名氣。某年，齊國攻打魯國，魯君欲任命吳起為將，領兵抗齊，卻遭大臣反對，說是吳起之妻為齊人，他不會真心實意為魯國賣命，說不定還會半路降齊，削弱魯國兵力。魯君猶豫不定。吳起聽到這個消息，為了向魯國表忠心，竟然回家殺了自己的妻子。魯君放心了，讓他帶兵出戰，大敗齊軍。但吳起為人一向耿直，所以得罪了不少人，恨得不少人爭向魯君進讒言，使魯君漸漸疏遠了他。吳起無奈，只好去魯赴魏。

這時，魏文侯正勵精圖治，任李悝為相，進行改革。李悝選了吳起當助手。吳起在改革中幫了大忙，整編軍隊，變更獎賞辦法，鼓勵耕戰，限制貴族利益，如此等等。魏文侯十分欣賞他，特加重用，任命他為四河郡守。一班貴族卻因此恨死了吳起，只因魏文侯寵信，奈何不了他。

待魏文侯一死，魏武侯即位，形勢卻起了微妙的變化。魏武侯是個昏君，對臣子忠奸不分，還用舊的血統觀念衡量臣子，任命女婿公叔為相，推翻了李悝的某些新法，以維護貴族利益。這樣一來，吳起與公叔便產生了矛盾。

吳起是個拗腦筋，不會見風使舵以明哲保身。每當公叔廢除一條舊法，他便據理力爭，把公叔氣得咬牙切齒，最後終於下定了趕走他的決心。

公叔明白，要趕走立有大功的吳起，還得國君發話。於是他設計了一個陷阱，讓吳起上當。

某次，在與魏武侯閒扯中，公叔把話引到吳起身上。當時，武侯在軍事上對吳起還很倚重，誇獎了一番吳起的功勞，表示仍得重用吳起。公叔善於見風使舵，馬上附和：「那當然。但是……」隨即話鋒一轉：「就不知吳起是不是真與咱們一條心。他終究是個外人呀！」一句話把武侯說得疑惑起來，沈思道：「對呀！他是不是真與咱們一條心呢？」

公叔見武侯的神態，知道事情有門了，忙接口道：「試探他一下。」武侯問道：「怎麼試探？」公叔回道：「吳起自從求將殺妻之後，一直還沒婚配。您可招他來，說要把公主許配給他。他若高興地答應，就說明他跟咱們一條心，會盡心竭力為魏國效力。他若猶猶豫豫，就說明他心懷二意，不會在魏國久住。」武侯點頭：「好，就按你說的辦。」

公叔見第一步計畫成功了，趕忙跑回家，對妻子說，他要約一個朋友來玩。朋友來時，要妻子裝出氣勢洶洶的樣子。他的妻子一向對他言聽計從，答應了。

然後，公叔約吳起到自己家裡小酌。一進門，公叔那位公主妻子就照公叔吩咐好的，迎上前來，劈面問公叔：「今天不上朝，幹什麼去了？」公叔裝出唯唯諾諾的樣子，回答：「去看了一個朋友，相約來家中小酌。」妻子大喝：「酌什麼？天天灌馬尿，也沒見你幹出什麼正事來！」

那時雖還不多麼講求男尊女卑，但像這樣的妻子，吳起卻是第一次碰上。於是他瞅個機會問公叔：「嫂夫人怎麼這般態度？」公叔裝作無奈何地歎了一口氣，回道：「人家是公主，有國君撐腰嘛！」

這時，公叔之妻的貼身丫頭聽了安排，又模樣凶悍地來找公叔，說是公主在房中，要公叔快去，有事吩咐。吳起一見，有點火了，抱不平說：「一個小小丫環，竟對男主人這般講話，豈不是造反了？」公叔又裝出無可奈何的樣子，歎息道：「丫環也是從宮中帶來的，自然主大奴也大了！」

吳起回到家中，許久還為公叔在家中的地位生氣，卻突接宮中來人傳話，說國君找他有事商量。

吳起接令，忙快步入宮。魏武侯熱情接待，扯了半天閒話，便說出要將公主相嫁的事。吳起正為公叔的處境生氣呢，哪知國君又讓自己也走上這條路，於是吞吞吐吐地說：「屬下出身貧賤，豈敢同公主匹配！」武侯以為他在自謙，忙說：「我意已決，不計較什麼出身。」吳起還是推推諉諉地不答應。武侯想起了公叔的活，以為吳起心懷二意，也就不再勉強他。

自此以後，魏武侯對吳起漸漸冷淡起來。吳起察覺到自己在魏國不會再受重用了，便瞅個機會，投到楚國去了。

2 述律太后審時度勢

遼太宗率兵南侵，滅了後晉。後晉一亡，中原無主。太宗早就有稱帝中原的野心，遂召亡晉文武臣僚聚會，宣稱：「我國地方廣大，方圓數萬里，有酋長27人。中國風俗異於我國，我想從我國選擇一人為中國之主，諸君以為如何？」文武百官齊聲說：「天無二日，民無二主，夷夏之心，皆願擁戴大皇帝（指太宗）兼主中國。」太宗虛情假意推辭了一番，在群臣固請下，終於答應。

天顯二年（九二七年）正月初一日，耶律德光進入汴京，親臨崇元殿接受百官朝賀。二月，改契丹國號為大遼，任命百官，大赦天下，改元會同十年為大同元年。耶律德光稱遼太宗，耶律阿保機稱遼太祖，實因於此。

對於兒子耶律德光在中原稱帝一事，太后述律平的心情十分矛盾。在太宗第三次伐晉前，述律太后曾與他做過一次探討。她看出兒子很熱心南征中原，有入主之心，便問：「如果漢族人到我胡地為主，行嗎？」太宗回道：「那怎麼行？」述律太后順勢說：「你既知道，為何要去做漢主？你現在得了漢人的土地，雖欲統治，萬一有什麼閃失，後悔就來不及了呀！」

很顯然，經驗豐富的述律太后心存謹慎，知道打天下與治天下畢竟不是一件事。果然，遼太宗很快就陷入窘境。由於他以胡人之身君臨中國，所用的統治方法還是契丹的那一套，很不合於中國人的風俗習慣，鬧得民不聊生，怨聲載道。加之他不信任漢官，刺史等級官員都是契丹人，不會漢語，統治地方，自然產生許多隔閡。為此，地方上的抵抗運動風起雲湧。河東節度使劉知遠自立為帝，國號漢，公開反遼，越來越得到各地反異族統治運動的回應。

終於，遼太宗感到無法再統治下去了。於是找個藉口，召集百官宣非示：「我是北方人，不適於南方氣候。因此，我要回去避暑、省親。」他留下表弟蕭翰（述律太后的哥哥蕭知敵魯的兒子）守汴州，改汴州為宣武軍，即任蕭翰為宣武軍節度使。

太宗自大梁出發，亡晉文武諸司從者數千人，諸軍吏卒又數千人，宮女宦官數百人，中國內府所藏珍奇異寶也被盡數帶走。消息傳開，人心大亂。那些前晉的叛將又都趁機叛變，回應河東劉知遠。太宗於途中聞變，覺得到手的中國又這麼失去了，不無懊惱。想起當初太后的警勸，也頗覺無顏再見北地父老。羞忿交加，行至臨城（河北臨城縣）得了病。到了欒城，病更加劇。至殺胡林（又名殺狐林，在欒城縣西北）駕崩，享壽46歲。

太宗駕崩時，述律太后已六十多歲。隨著年齡的增長，精力的衰減，她已有意識地減少了對朝政的干預，開始考慮如何安度晚年的問題了。但太宗猝死中原，使得她的這種想法出現障礙。這不僅僅是簡單的白髮人送黑髮人的問題，接下來面臨的很可能是一場深刻的政治危機。

耶律德光生前沒有立皇太子，卻以皇弟耶律李胡為嗣君。這顯然是述律太后所精心安排。因為據史載，述律平的三個兒子之中，她所喜歡的除了德光，便是李胡。耶律李胡是幼子。天顯五年（九三〇年），他被立為皇嗣，並以壽呂王的身分兼天下兵馬大元帥。太宗南伐，李胡留在本國侍奉太后。

述律太后雖然能控制本國的局勢，卻控制不了遠在中原，正兼程回國的軍隊。太宗崩於殺胡林，軍中驚憂，那些以敗軍之將的面目回國的將領想起述律太后的嚴厲，對回國之後的前途吉凶不無憂懼。

於是，護駕的南院大王耶律吼與北院大王耶律斡會商：「天子大位不可一日虛懸。若訪命於太后，勢必立李胡為帝，而李胡暴戾成性，殘忍異常，（史稱李胡少勇悍，有武力，唯性殘酷，小怒即在人臉頰上刺字，或投入水火之中，予以溺焚致死。太祖阿保機曾贊之曰：「此吾家之鐵兒也。」）安得為天下之主？必欲得一深獲人心者立之，捨永康王莫屬也。」

永康王耶律兀欲是太宗的侄兒，東丹國人皇王耶律突欲的兒子。當年耶律突欲棄國奔唐，兀欲沒有隨父親一同南奔，故太宗視之為己子，伐晉時攜其南下。史稱耶律兀欲善書畫，能飲酒，禮賢下士。

南北二大王為求得全軍共識，即整軍召諸將會議，宣稱：「大行皇帝上賓，神器無主，永康王為人皇王之嫡長子，天人所屬，當立為天子。如有不從者，即以軍法從事。」

諸將都樂於擁立永康王，遂奉永康王於太宗靈柩前暫即帝位，然後揮兵突襲恒州，將已起異心的燕王趙延壽設計抓了起來。接著宣布大行皇帝遺詔，永康王耶律兀欲正式於恒州登大寶，改元天祿，是為遼世宗，並為太宗皇帝舉哀成服。命天佃（太宗庶子）等人先行護送太宗靈柩回上京。

述律太后此時才知兒子太宗已死，但聞世宗自立為帝，赫然震怒，說：「棄國南奔之人的兒子怎能成為我國之主？且我兒（指太宗）取晉平天下，有大功業於世，其子（指壽安王述律）現在我側，安得不立為天子？」

由於形勢緊迫，甚至沒來得及先下葬太宗之屍，述律（太后）不哭而撫其屍曰：「待我國中人畜如故，然後葬汝。」隨即遣皇弟李胡率兵拒世宗回國。

兩軍接戰，李胡大敗。無奈，年近七十的述律老太后不得不親自披掛重整軍旅，迎戰於濱河。

這時，李胡盡執上京世宗臣僚的家屬，說：「如果此戰再不克，我就將這些人質盡數殺光。」

就在雙方僵持，一觸即發之際，述律太后問計於以智慧稱的貴族耶律屋質。耶律屋質向她建議：「莫若以言和解，事必有成。否則宜速戰，以決勝負。不然，人心一搖，國禍不淺。」稍頓又說：「李胡、永康王皆太祖子孫，神器非移他族，何不可之有？」述律太后怦然心動，說：「我即有意和解，誰為使者？」耶律屋質自告奮勇：「如太后不疑臣，臣願往說永康王。」述律太后便派他為使。

世宗見到來使，自恃兵精將強，盛氣道：「朕率之兵俱精銳，彼唯與烏合之眾耳，安能敵我！」

耶律屋質回道：「縱使不敵，奈骨肉何？況作戰之結果，勝負誰屬，仍未可知。幸而獲勝，諸將之眷屬已被執於李胡，自無幸全之理。即以此一端，亦應和解，以全諸將妻兒之性命。」

左右諸將聞聽，盡皆失色。

世宗沈吟良久，方問道：「應如何和解？」

耶律屋質回答：「應與太后相見，開誠布公，和之不難。假設不能和，戰之未晚。」

世宗乃同意派使與耶律屋質往見述律太后。往返數次，始定相見之期。這種祖孫成敵，於談判桌上相見的場面，實在是曠古罕見。談判桌上，雙方各不相讓，幾乎談崩。多虧耶律屋質反覆辯難，從中斡旋，方獲得和平。

述律太后探詢：「今日戰爭雖免，而神器（皇帝）究竟歸誰？」耶律屋質回答：「太后若授予永康王，則應天順人，尚何疑焉？」

李胡大怒道：「今我在，兀欲何得立為天子？」耶律屋質應道：「禮有傳嫡而不傳弟之說。況公暴殘戾忍，人多怨恨，萬口同聲，願立永康王，人情不可奪也。」

述律太后到此，只得長吁一聲，回顧李胡道：「你聽聽！不是我不願將天子之位傳授予你，是你自己弄得人心喪盡，做不成皇帝。當年我與你父親（遼太祖）愛你，勝過你的兩個哥哥。俗語說：『偏憐之子不保業，難得之婦不主家。』現在果真應了這句話。你自作自受，我也無能為力了。」於是承認世宗即位之舉，迎其回至上京。

述律太后一生戎馬弄權殺人，性格剛直，寧折不彎，至此居然在孫兒面前認輸服軟，實在大大出人意料。根本原因是當時雙方實力懸殊，她在感情背後，更有著力量的權衡，於是泣曰：「從前太祖經歷諸弟叛亂，以至於天下大亂，而今那時的瘡疤還沒有平復，怎能再次塗炭生靈？」

3 虞詡造假勝敵

戰國中期，孫臏用進軍減灶之計，誘龐涓孤軍深入。東漢時期，虞詡卻用進軍增灶之計，嚇退了尾追的羌兵。

東漢安帝永初年間（一〇七～一一三年），西部羌人造反，郡守鄧欲棄城而逃，遭郎中將虞詡譴責。鄧欲由此懷恨在心，找個機會，把他降為朝歌長吏。

哪知，這下正為虞詡創造了表現才能的機會。朝歌（今河南淇縣）有盜賊作亂，朝廷無力派兵剿滅。虞詡召募勇士，訓練軍隊，殺賊數百人，終使朝歌康寧。朝廷發現了他的軍事才幹，任命他為武都郡（今甘肅成縣一帶）太守。詔令傳到，虞詡與新任長吏交接之後，便帶領幾百名願去武都的軍士向西進發。

虞詡諫鄧的事蹟早已遍傳關外，羌人恨之入骨。羌人首領得了消息，說虞詡要來武都任太守，料知他到任之日，必定大整軍隊，對自己不利。於是他派手下得力戰將帶羌兵三千，潛入關西，聚集在陳倉（今陝西寶雞東）、崤谷（今陝西寶雞西南）一帶伺機阻擊。東漢建都洛陽以後，關西一帶成為漢軍和羌人的遊擊區。漢軍多據守城邑，大部分鄉村卻不能控制。所以，虞詡一接近函谷關，便派人偵察前進。果然，探到羌人在崤山一帶布下口袋陣，正等他到達之後一舉殲滅。

虞詡得報，趕忙傳令手下紮營。他思量形勢，若東去借兵，洛陽遙遠，往返需要幾天；若繞道過去，崤山南北皆是崇山峻嶺，無路可走。怎麼辦？他想起古人的「虛張聲勢」一計，於是放出風去，說已回京請求救兵，他正紮營等待。

羌人得此消息，推斷虞詡等人三兩日間不會過去，便鬆懈下來，縱兵四處搶掠，只留少數觀望。虞詡探得真情，忙令手下換成輕裝，兼程前進，一下子闖過了崤山處羌人的口袋陣。待羌人發覺，集合起來時，虞詡已西去百餘里。羌人將領下令緊追不捨，定要把虞詡等數百人吃掉而後快。

虞詡闖過關後，料到敵人不會就此罷休，必緊追不捨。再向別處請救兵已來不及。怎麼辦？他想起孫臏的減灶誘敵之計，尋思何不反用此計，來個增灶嚇敵？於是，他讓兵士做飯時每人造兩個灶；第二天加倍；第三天又加倍。

羌人在後緊追。追到加灶處，羌人將領讓手下人去數，見多了一倍，心中疑惑：難道這虞詡沿路召募軍士不成？又追了一天，見灶又多了。再一天，灶更多了。羌將計算一下，按灶推計，虞詡的兵力已超過自己，再這樣窮追下去，說不定會中計上當，虧了老本。於是放慢速度，不敢緊追了，只遠遠尾隨。

4 陳平的謀略

陳平西漢陽武人，素以謀略見長，楚漢相爭時，他在項羽身邊當謀士，後來得罪亞父范增，只好跑路到劉邦的帳下幹起參謀長，幹得有聲有色，十分受到重用。

劉邦晚年，經常做出一些錯誤的決定，臣下想要自我保全，往往得十分謹慎，否則，複雜的權力之爭就會禍及自己。

在平定英布的叛亂中，劉邦身受箭傷，又加上年老染病，回到長安就臥床不起。北方的燕王盧綰乘機反叛。劉邦聞訊，命樊噲掛相印領兵出征。

樊噲離開長安之後，與他素有嫌隙的人趁機誹謗他。劉邦此時疑心正重，聽信了這些話，大罵樊噲。「樊噲匹夫見我有病，竟然希望我死掉！」馬上命令陳平用驛車把周勃送到樊噲軍中，前去接替樊噲的主將職務，並取回樊噲的首級。

陳、周二人接令，飛馳而去。在路上，兩個人商議道：「樊噲是皇上的老部下，戰功赫赫，關係眾多，又是呂后之妹的丈夫，皇上對他素來倚重。這次皇上生病，容易動怒，聽信了別人的讒言，所以要殺他，恐怕將來會後悔的。皇上一後悔，肯定拿我們出氣。即使皇上不怪我們，呂后也會怪我們，待皇上駕崩，可就更麻煩了。我們不能親手殺他，只把他裝入囚車，送回長安，由皇上親自處置吧！」

二人計議一定，到了樊噲軍營，在周邊設了一個祭壇，用皇上的符節把樊噲召來，讀完了詔書，就把樊噲的雙手捆了起來，裝進囚車，由陳平負責押回。

回長安途中，陳平聽說劉邦已崩，擔心呂后惱怒這件事，就先乘車趕回，向呂后彙報。在劉邦靈前，他邊哭邊把擒押樊噲的事說了。呂后知道樊噲未死，也就放下了心，沒有責怪陳平。但陳平還是怕呂后之妹進讒言，就向呂后要求進宮宿衛。呂后就讓他做皇帝的老師。這樣，陳平成天侍候在皇帝身邊，呂后之妹就很難有空隙讒毀他。等樊噲解到，呂后馬上釋放了他，並恢復了他的官職和封邑。

看來，即使奉行皇命，也要隨機應變，看具體情況行事。否則，陳平和周勃的性命恐怕就保不住了。

5 裴矩是個代代紅的大人物

裴矩是一個「代代紅」式的人物，他一生侍奉過北齊後主、隋文帝、隋煬帝、宇文化及、竇建德、唐高祖、唐太宗，共三個王朝，七個主子，在每一個主子手下都很得意。原因不外乎他見風使舵，討好主子的應變能力。

他看出隋煬帝是一個好大喜功的人，便想方設法挑動煬帝拓邊擴土的野心。為此，他還不辭辛苦，親自深入西域各國，探訪各國的風俗習慣、山川狀況、民族分布、物產服裝，撰寫了一本《西域圖記》。此舉果然大得煬帝歡心，一次便賞賜他五百匹綢緞，並每天將他召到御座之旁，詳細詢問西域狀況，又升他為黃門侍郎，讓他到西北地區，處理與西域各國的事務。他倒不負所望，說服了十幾個小國歸順隋朝。

有一年，煬帝要到西北邊地巡視。裴矩不惜花重金，說服西域二十七國酋長佩珠戴玉，服錦衣繡，焚香奏樂，載歌載舞，拜謁於道旁；又安排當地男女百姓濃裝豔抹，縱情圍觀，隊伍綿延數里，可謂盛況空前。煬帝龍心大喜，又將他升為銀青光祿大夫。

裴矩一看他這一手屢屢奏效，便越發別出心裁，勸請煬帝將天下四方各種奇技，諸如爬高竿、走鋼絲、相撲、摔跤乃至鬥雞走馬等各種雜技，全部集中到東都洛陽，令西域各國酋長使節觀賞，以誇示國威，前後歷時一個月之久。

在這期間，更在洛陽街頭大設帳篷，盛陳酒食，讓外國人隨意吃喝，醉飽而散，分文不取。當時外國人的一些有識之士也看出這是浮誇，打腫臉充胖子。煬帝卻十分滿意，對裴矩更是誇獎備至，讚道：「裴矩太瞭解我了！他凡有奏請，都是我早已想到，還沒說出的。如果不是對國事處處留心，怎能做到這一點？」於是又賜錢四十萬，還有各種珍貴的毛皮及西域寶物。

如此一來，裴矩個人是既富且貴了，卻給國家和百姓帶來巨大的災難。那場討伐遼東的戰爭便是在裴矩的唆使之下發動的，戰爭曠日持久，屢打屢敗，耗盡了隋朝的人力、物力、財力，以致鬧得國弊民窮，怨聲四起，終致隋朝滅亡。

而當義兵滿布，怒火四起，煬帝困守揚州，一籌莫展之時，裴矩看出來，這個皇帝已日暮途窮，再一味巴結他，對自己有百害而無一利。他立刻轉舵，將討好的目標對準那些躁動不安的軍官士卒。見了這些人，他總是低頭哈腰。哪怕是地位再低的官吏，他也笑臉相迎。他並向煬帝建議：「陛下來揚州已經兩年，士兵們在這裡形單影隻，也沒個貼心人，這不是長久之計。請陛下允許士兵在這裡娶妻成家，將揚州內外的孤女寡婦、女尼道姑配給他們，原來有私情來往的，一律予以承認！」

煬帝對這個建議十分讚賞，立即批准執行。士兵們更是皆大歡喜，對裴矩讚不絕口：「這是裴大人的恩惠！」待將士們發動政變，絞殺煬帝，原來的一些寵臣都被亂兵殺死，唯獨裴矩，士兵們異口同聲說他是好人，得以倖免於難。

後來他幾經輾轉，投降了唐朝，在唐太宗時擔任吏部尚書。他看出太宗喜歡諫臣，於是搖身一變，也成了仗義執言、直言敢諫的忠臣了。

唐太宗對官吏貪贓受賄之事十分擔憂，決心加以禁絕，可又苦於抓不住證據。有一次，他派人故意給百官送禮行賄，有一個掌管門禁的小官接受了一匹絹。太宗大怒，要將這個小官殺掉。

裴矩諫阻道：「此人受賄，應當嚴懲。可是，陛下先以財物引誘，因此而行極刑，這叫陷人於罪，恐怕不符合以禮義道德教導人的原則。」

太宗接受了他的意見，並召集臣僚說道：「裴矩能夠當眾表達不同的意見，而不是表面順從卻心存不滿。如果在每件事情都能這樣，還用擔心天下不會大治嗎？」

你看，人家裴矩一輩子走紅，說穿了就是懂得靈活變通之道。

6 官場上的不倒翁

馮道，字可道，瀛州景城（今河北省交河縣東北）人，生於唐僖宗中和二年（八八二年）。他可能出自一個能夠自給自足的小康之家。據記載，（馮道）早先一邊耕種土地，一邊讀書學習，並不忙於操持生活家業。他自幼性格純厚，愛好學習，善於寫文章，不以穿破衣服、吃粗劣的飯食為恥。他的祖先也不是名門士族。據查，連一個縣令以上的先人也找不出來。在這樣的出身條件下，馮道想躋身官場，其難度可想而知。

唐朝末年，軍閥割據，戰亂頻仍。李克用割據晉陽，獨霸一方。李克用雄才大略，其子李存勖在滅梁之前，也頗有作為。馮道大概是看到了這一點，才投奔李存勖，以圖求得前程。

在此之前，馮道先於離家鄉較近的幽州做小吏。當時，幽州軍閥劉守光十分兇殘，殺人成性，對屬下，也是一言不合，即加誅戮，甚至殺了之後，還叫人「割其肉而生啖之」。馮道與這樣的人相處，自然十分危險。

一次，劉守光要攻打易、定二州。馮道勸阻，結果惹怒了劉守光，幾被殺死。經人說情，被押在獄中。

經人幫助，馮道逃出牢獄，投奔太原，入晉將張承業麾下。又經張承業推薦，他成為李存勖的親信，從此踏上仕途。

起初，馮道擔任晉王府書記，負責起草收發各種政令文告、軍事函件。這期間，李存勖看到朱溫建立的後梁政權十分腐敗，就策劃滅掉後梁。晉王和後梁的軍隊在黃河兩岸對峙，戰鬥打得十分激烈。馮道身為李存勖的親信，很能以身作則，率先過簡樸的生活。據史書記載，他在軍中蓋了一個小小的茅草屋，連床席都沒有，只睡在一束乾草之上。

馮道很善於處理君臣之間的糾紛。在與後梁軍對峙時，晉王的軍餉十分匱乏。因為晉王麾下將領太多，主管人員弄不來那麼多供應，十分為難。大將郭崇韜對晉王李存勖說：「供應緊張，能不能少幾個陪著吃飯的人？」李存勖發火道：「我想為那些替我賣命的人弄頓食吃都不成，哪還能當主帥？」郭崇韜嚇得不敢作聲。馮道在一邊說：「糧餉供應確實困難，郭崇韜這麼說，也是對大王的一片忠心啊！」一場風波就此消弭。

但李存勖滅掉後梁，建立後唐以後，只重視那些名門貴族出身的人，對馮道這種沒「來歷」的人並不重用。為此，竟使馮道接到父親死去的消息，只能徒步奔喪，其困窘的程度可想而知。直到莊宗李存勖被殺，明宗即位，他才被召回。明宗鑑於前朝的教訓，重用有文才的人，想以文治國。馮道因此機緣，被任命為宰相，真正發跡。

一天，明宗問臣下年景如何。臣下大多說了些粉飾太平的話。馮道卻給明宗講了一個故事：「我當年在晉王府，一次，奉命到河北中山一代公幹，途中路過井陘。我早聽說井陘是個很難走的地方，人馬到了那裡，多發生絆倒摔傷的事。因而我就十分小心地走過了井陘。沒想到過了井陘，到了平地，卻從馬上摔了下來，差點摔死。我這才明白，凡事須處處小心，時時提防。我遇到的事雖小，卻可以用來比喻大事情。望陛下不要以為五穀豐登，河景海晏，就可以高枕無憂了。必須兢兢業業，避開放縱享樂。這是我們臣下所希望的呀！」

又有一次，明宗問道：「天下百姓的日子怎麼樣？」

馮道趁機進言：「穀貴餓農，穀賤傷農，此常理也！唐朝詩人聶夷中曾寫了一首《詠田家》：『二月賣新絲，五月糶秋穀；醫得眼前瘡，剜卻心頭肉。我願帝王心，化作光明燭；不照綺羅宴，偏照逃亡屋。』」

明宗聽後，連說好詩，並命人抄錄，經常誦習。

但馮道雖居官宰相，還是為時人所瞧不起，因為殘留在時人意識中的門閥士族觀念還未肅清。

一天，馮道下朝回家，一個出身於「衣冠門第」的工部侍郎跟在他後面嘲諷道：「宰相走得太快了，怕要從腰裡掉下一本《兔園策》來啦！」《兔園策》是一種鄉校裡用來教農夫和放牛孩子的讀本。這話明擺著是諷刺馮道出身低微。一個小小的工部侍郎，竟敢在大庭廣眾之下奚落宰相，處於等級森嚴的封建社會，一般是不可能發生的。馮道當時一笑置之。

後唐明宗去世後，太子李從厚即位。不到四個月，同宗李從珂即興兵來伐，要奪取帝位。李從厚得到消息，顧不得向臣下請益，就慌忙跑到姑夫石敬瑭軍中。第二天早上，馮道及眾臣到了朝堂，找不到皇帝，才知道李從珂兵變，已率兵往京城趕來。

馮道這時的做法真是一反常態，極其出人意料。他本是明宗一手提拔，從寒微之族被任命為宰相，按常理說，此時正是他報答明宗大恩的時候。況且，李從珂起兵實屬大逆不道。但他沒有考慮這些，他所想的是李珂擁有大軍，且性格剛愎，而李從厚不過是個小孩子，即位以來，尚未掌握實權，為人又過於寬和。在權衡了利弊之後，他決定率領百官迎接李從珂。

馮道身為宰相，係諸官之首，又加上不少官吏為他所親手提拔，他一倡議，多數人也不好說什麼。但個別正直的官吏還是出言質問。中書舍人盧導首先抗言：「哪有天子在外，大臣反去勸別人當皇帝？我們是不是該去投奔天子？」丞相李愚等人也隨聲附和。馮道卻要大家認清當前的形勢，不要固執己見。大多數人無奈，只得跟馮道一起到洛陽郊外列隊迎接李從珂，並獻上請李從珂當皇帝的勸進文書。

就這樣，馮道由前朝的元老重臣，搖身一變，又成了新朝的開國功臣。只是，李從珂對他實在不放心，不敢委以重任，把他放到外地任官。後來又覺得過意不去，把他調回京中，給了他一個沒有多大實權的司空之位。

不久，石敬瑭同李從珂發生衝突，就抬出恢復明宗帝系的旗號，攻打李從珂。但他兵力單薄，不能同李從珂抗衡。為了奪取帝位，石敬瑭竟不顧一切，派使者赴契丹，向契丹主耶律德光求援，並許下三個條件：事成之後，向契丹稱臣；向耶律德光自稱兒子；割讓雁門關以北諸州。耶律德光正想插手中原，石敬瑭主動去求，正中下懷，便約定中秋以後傾國赴援。在契丹人支援下，石敬瑭打敗了李從珂，做了中國歷史上臭名昭著的「兒皇帝」。馮道也當上了宰相。

五代時期的政權更迭真如走馬燈一般，令人眼花撩亂。劉知遠的後漢政權剛建立四年，郭威就扯旗造反，帶兵攻入汴京。

這時候，馮道又故技重施，準備率百官出迎郭威。他做了後唐明宗的七年宰相，尚且不念舊恩，何況只做了不到四年的後漢太師，更是不足掛齒。郭威進京，建立了後周王朝，還讓馮道當了宰相。

馮道還主動請纓，去收伏劉知遠的宗族劉崇、劉贇等手握重兵的將領。劉贇信任馮道，認為這位三十年的故舊世交不會欺騙他。沒想到一走到宗州，劉贇就被郭威的軍隊解除了武裝。於是，馮道又為後周的穩固立了大功。

馮道是五代時期的傳奇人物，他曾侍奉五朝、八姓、十三帝、「累朝不離將相、三公、三師之位」，前後為官四十多年，真是政治史上的不倒翁。

7 利合則義存，利分則義亡

孫子說：「吳人和越人關係惡劣，但當他們同坐一條小船過河，遇到風浪時，他們共同的想法是求生，關係處理得好像一個人的左右手。」

李宗吾闡析道：「這是因為小船將要沈沒下去，吳人和越人都想把小船拖出來，成了方向相同的合力線。所以，平時的仇人，都可能變成患難相救的好友。」

韓信背水布陣，置之死地而後生，是因為漢兵被陳餘的兵所壓迫，前面只見大河，是死路，唯有轉身回來，把陳餘的兵推開，才能闖出生機。人人都這樣想，就成了方向相同的點力線，所以烏合之眾可以結成一個整體，把敵人擊垮。

張耳和陳餘稱為刎頸之交，也就是最好的朋友。後來張耳被秦兵圍困，向陳餘求救。陳餘害怕秦兵，不肯往援。二人因此結下深仇。為此，張耳將秦兵向陳餘方面推去，陳餘又將秦兵向張耳方面推來，力線相反，所以最好的朋友變成仇敵。結果，張耳幫助韓信，把陳餘殺死了。

秦朝末年，天下百姓忍受不了秦王朝的苛政。陳勝振臂一呼，山東的英雄豪傑群起回應。但陳勝並沒有從中聯絡，他們為什麼會一齊回應呢？這是因為眾人受到秦王朝的壓迫久了，人人心中都想打倒暴秦，利害相同，心理相同，成為方向相同的合力線，不用去聯合，自然就會聯合。

劉邦、項羽剛起事時，雙方的志向都是滅秦，目的相同，成為合力線，所以異姓人可以結為兄弟。後來把秦王朝消滅了，目的物已除掉，前方顯現出一座江山，劉邦想把它搶過來，項羽也想把它搶過來，力線相反，異姓兄弟就血戰起來了。

再從劉邦與韓、彭等人的關係看。當項羽稱霸之際，劉邦心想：只要把項羽殺掉了，我帝業可成！韓信、彭越也想：只要把項羽殺了，我就功成揚名了。他們思想相同，自然成了合力線，所以垓下會師，立刻把項羽消滅了。項羽被消滅後，他們君臣便沒有合力的必要，彼此的心思就趨向權力上去。但權力這個東西，你多占了，我就要少占，我多占了，你就要少占，力線衝突，所以漢高祖就殺起功臣來了。

唐太宗取代隋朝，明太祖取代元朝，在起事初期，與漢朝一樣。事成之後，唐朝演成兄弟相互殘殺，明朝演出功臣整族被殺的慘劇，也都與漢朝沒什麼兩樣。大凡天下平定之後，君臣的力線就產生衝突，國君不消滅臣子，臣子就會消滅國君，看兩個力的大小，決定彼此的存亡。

李嗣源輔佐後唐莊宗消滅後梁，打敗契丹，莊宗的力量控制不住他，他就把莊宗的天下奪去了。趙匡胤輔佐周世宗，攻硌北漢和南唐，小皇帝的力量控制不住他，他也把後周的天下奪去了。這是劉邦不殺韓信、彭越等人的反面文字。

漢光武帝平定天下之後，鄧禹等人把兵權交出，閉門後書，這是看清了光武的路線，自己先行讓開。宋太祖杯酒釋兵權，這是把自己要走的路線明白說出，叫所有功臣自行走開。追究其中的實質，漢光武帝和宋太祖的心理與漢高祖其實一樣。我們不能說浸高祖性情殘忍，也不能說漢光武和宋太祖度量寬宏，只能說做臣子的懂不懂得進退，會決定他們的生死。

岳飛想把中原淪陷地區解放，秦檜想把中原之地推給北方少數民族；岳飛想把被扣押的宋徽宗、欽宗救回，宋高宗想把徽、欽二帝推給北方少數民族。這樣一來，高宗與秦檜成了方向相同的合力線，它的方向與岳飛的力線相反，岳飛一人的力量敵不過高宗、秦檜的合力，所以「莫須有」三字獄的禍害便釀成了，岳飛遂不得不死。

歷史上凡是阻礙最高權力路線的人，沒有不遭禍的。劉備要殺張裕，諸葛亮為張求情。劉備說：「芳草和蘭草長在門口，把門堵住了，不得不清除！」芳草和蘭草有什麼罪！罪就在生長得不是地方。宋太祖（匡胤）討伐南唐李煜，徐鉉請求暫緩用兵。太祖說：「臥榻之側，豈容他人酣睡。」酣睡有什麼罪？罪在睡得不是地方。

古代還有一件奇事：花士兄弟對上不向周天子稱臣，對下不同諸侯交往，自己在原野上耕種，吃從地上長出的東西；自己在原野上鑿了口井，喝從井裡拎上來的水。這明明是空谷幽蘭，明明是酣睡在自家榻上，似乎可以免掉禍害了。但姜太公來到營丘，首先就把他們殺了。這是什麼道理？因為這個時候，姜太公正想用官爵俸祿驅使豪傑，偏偏有兩個不肯接受官爵奉祿的人橫空攔阻在前面，如何容得下他們？

姜太公是聖人，花士兄弟二人是高士，高士阻礙了權力的路線，聖人也容他不過。這可以說是普通公理。

逢蒙殺死后羿，是先生阻礙了學生的路；漢高祖向項羽要求分杯羹，是父親阻礙了兒子的路；樂羊子吃羹（兒子的肉做的），是兒子阻礙了父親的路；周公殺管叔鮮、蔡叔度，唐太宗殺李建成、李元吉，是兄弟阻礙了兄弟的路。可見雙方權力的路線衝突了，即使是父子兄弟夫姨，都難免引起殺機。

王猛明白這個道理，所以他見了桓溫，馬上去做了苻秦的官。殷浩不這麼做，就遭到失敗。范蠡明白這個道理，所以，他在消滅了吳國之後，立即買了條船泛遊五湖。文種不這麼做，就被殺掉了。此外，韓非在秦國囚禁，被殺，伍子胥自刎而死，嵇康被殺，阮籍差點掉腦袋，我們試著把韓非等人的言論研究一番，又把陷害韓非的李斯，殺害子胥的夫差，以及寬容阮籍、誅殺嵇康的司馬氏等人的焦點找出來，考察他們的路線，就知道有的衝突、有的不衝突，這裡面確實有一定不移的公理。

王安石說：「自然界的災變運行不必害怕；人們的流言蜚語不要理睬；祖宗的現成法規不值得效仿。」道理本來是對的，但他在當時，因為這三句話，受到很重的誹謗。我們今天讀了這三句話，對覺得他盛氣凌人，心中有些不舒服。假使我們生在當時，未必不與他發生衝突。陳宏謀說：「正確或錯誤可由自己判斷，誹謗或讚譽只好聽任別人，面對得失，自己要處之泰然。」這三句話的意思本來與王安石所言一樣，但我們讀了，就覺得這個人和藹可親。這是什麼道理？

因為王安石彷彿是橫空阻礙在路上，凡是有「天變」、「輿論」、「祖宗」從路上經過，都被他拒絕而去。陳宏謀是把「自己」、「別人」、「泰然」等字列為三根平行線，彼此互不衝突。我們聽了王安石的話，不知不覺，置身到「人們的流言蜚語不要理睬」的那個「人」字中；聽了陳宏謀的話，不知不覺，置身到「誹謗或讚譽只好聽任別人」的那個「人」字中。我們心中的力線也喜歡人家謙讓，不喜歡人家阻攔，所以不知不覺，對於王、陳二人的感情就不同了。一旦領會到這個道理，那麼待人接物，必定會有很大的好處。

力學中有一種偶力，也值得研究。宋朝王安石維新，排斥舊黨，司馬光守舊，排斥新黨，兩黨主張相反，其力又復相等。從宋神宗以來，新、舊兩黨互掌政權，相爭至數十年之久，宋室政局就如磨子一般旋轉不已，皮使金人侵入，釀成南渡之禍。我國辛亥以後，各黨各派抗不相下，其力又不足相勝，成為偶力作用，政局也如磨子般旋轉，日本也就趁機而入。

吳國孫權，蜀地劉備，各以荊州為目的物，孫權把荊州向東拖，劉備把荊州向西拖，力線相反，故郎舅決裂，夫婦生離，關羽被殺，七里連營被燒，吳、蜀兩國儼然成不共戴天的仇敵。後來諸葛亮提出魏為目的物，約定共同伐魏，就成了方向相同的合力線，兩國感情立即融洽，合作到底。再後司馬昭伐蜀，吳國還起兵相救，聽說劉禪降了，方才罷兵。

袁紹在官渡被曹操打敗以後，他的兩個兒子袁尚、袁熙兄弟帶著幾千人馬逃到遼東。當初，遼東太守公孫康倚仗他的地盤遠離京城而不服從朝廷管轄，等到曹操消滅烏桓之後，有人勸曹操順勢征討遼東，同時擒拿袁氏兄弟。

曹操不慌不忙地說：「我正等著公孫康斬了二袁的頭送來，哪裡需要用兵呢？」九月，曹操帶兵從柳城而回，公孫康果然斬了袁尚、袁熙，將兩個人的首級送來。眾將佩服曹操的神算，同時請教是何原因。

曹操回答：「公孫康素來害怕袁尚等，我如果急於征討他，他就會同袁尚等聯合起來抵抗我們；而現在我們不壓迫他，緩一段時間，他們就會自相矛盾，進而自相殘殺。正是這種形勢促使公孫康殺了二袁。」眾將信服地點頭稱是。

8 做一個冷靜的旁觀者

在「義」、「利」的把握上，需要冷靜的思慮和淵博的知識。書生本無實踐經驗，但旁觀者清，對於局內的實踐者來說，他們或許更能有正確的認識，他們的見解，對於大家都沒有經歷過的事來說，判斷更準確。

中國封建社會，在一定意義上，講的是陰謀政治，封建宮廷中充滿駭人聽聞的陰謀和血腥。其實這也不必大驚小怪。人大多趨利避害，宮廷唯權是從，權勢是最大的「利」，爭權奪勢乃是必然，大耍陰謀和恐怖屠殺正是其表現形式。身在宮廷而不耍陰謀詭計，缺乏政治手腕，必無法生存其中，起碼不是一個強者。

宮廷中，即使是家庭成員之間，也只有赤裸裸的利益爭奪，沒有人性和感情，沒有所謂的「義」。如果崇尚「義」，只能成為陰謀的犧牲品。這時，理性高於一切，任何感情色彩的東西都是給人看的，臉面上堆積著感情，內心裡算計著利害。否則，即使是皇帝，也會成為陰謀的犧牲品。

宋太祖趙胤雄才大略，是個有為的皇帝，在中國統一大業尚未完成，他自己也正年富力強，大有作為的時候，卻於五十歲之際突然去世，由他的弟弟趙光義即位。史書對這件事的記載，有許多猜測。

與趙匡胤不同，趙光義因為有哥哥的經濟支持而讀了許多年的書，所以，他比哥哥少了許多武功，但在文采學識方面，明顯優於他的哥哥。

趙匡胤當後周禁軍首領時，趙光義就已進入核心，成為趙匡胤的得力助手。在陳橋兵變，「黃袍加身」，擁立趙匡胤做皇帝的事件中，趙光義是其主謀之一。因為擁立有功，趙匡胤也就十分重視他的這個胞弟，有意栽培，提拔，先把他任命為殿前都虞侯，領睦州防禦使，後來又認命他為開封府尹。

開封府尹是個十分重要的官職，在這一位置上，既可通上，又可達下，對經營自己的勢力十分有利。趙光義在這一位置上培植大批私人勢力。這在他即位後所任用的官吏中即可看出，而這此人也確實為鞏固他的地位發揮了巨大的作用。

關於趙匡胤之死，官修的宋史全都語焉不詳，原因恐怕是自宋太宗趙光義以後，北宋皇帝均是太宗一系繼承有關。這些人既不願說清事實，又不好胡編歷史，最妙的辦法就是繞過去。但一些非官方的記載和傳說卻很豐富。

宋代有個叫文瑩的山林老僧寫了一本書，叫作《湘山野錄》，其中記載了趙匡胤之死。說趙匡胤聽信了一個術士的話，知道自己氣數已盡，便召胞弟趙光義入宮安排後事。當時，趙匡胤患病在身，他把宦官和宮人趕得遠遠地，自己和趙光義對酌飲酒。宦官和宮人遠遠地看去，只見燭光之下，趙光義時時避席而走，似有激動難忍之狀，又像是推辭不受的樣子，後來又見趙匡胤拿玉斧砍在雪地上，大聲對趙光義說：「好做，好做。」最後，趙匡胤入內就寢，當夜留趙光義在宮內住宿。剛入睡時，趙匡胤鼾聲如雷，天還未明，便無聲息。內侍急忙入內查看，只見趙匡胤已死去多時。

還有傳說指出，趙匡胤十分寵愛攻破後蜀之後得來的原後蜀主寵妃花蕊夫人費氏。在趙匡胤死前的那天晚上，他召趙光義進宮問事，並留宮侍侯。趙光義見哥哥睡熟，就趁機調戲花蕊夫人。趙匡胤被驚醒，就用玉斧去砍趙光義。皇后和太子聞聲趕到，趙匡胤已氣息奄奄，第二天清晨就去世了。

關於趙光義即位，也是眾說不一。有人說他在靈前即位。有人說趙匡胤病危之時，派宦官王繼隆召他的兒子秦王趙德芳來見。王繼隆卻跑到開封府，找來了趙光義。皇后見王繼隆回來，忙問：「德芳來了嗎？」王繼隆卻說：「晉王（趙光義）到了。」趙匡胤和皇后都大吃一驚。皇后哭著對趙光義說：「我們母子的性命都交給官家（皇上）了。」趙光義安慰她：「共保富貴，不必擔憂。」

還有一個「金匱之盟」的傳說，企圖為趙光義繼承皇位做「合理」的注解，把子承父業變成兄終弟及的轉化說成是維持趙宋王朝的要求。

趙普是宋朝的開國功臣，深受宋太祖趙匡胤的寵信。但他利用職權，做了許多違法的事。趙匡胤知道後，就撤了他宰相的職務。到太宗趙光義即位後，他仍鬱鬱不得志。於是他說出了一個「金匱之盟」的故事來。趙光義按他說的地方去找，果真找到了這個「金匱」，發匱得書，果如其言。

據趙普說，早在太祖建隆二年之時，皇太后杜氏病危，曾召入趙匡胤和趙普，目趙匡胤：「你知道這宋朝的天下是怎麼得來的嗎？」

趙匡胤回答：「自然都是靠祖宗和太后的功德了。」

皇太后：「不是這樣。這是因為柴氏讓幼兒寡母執政的緣故。如果後周立的是一位年長的君主，你能把後周的天下得到手嗎？你百年之後，應該傳位給光義，光義再傳位給光美，光美再傳給德昭。你如果能如此傳位，使宋室不致有年幼的君主，那就是天下的大福了。」

趙匡胤當場表示，一定不違反母親的指教，百年後一定傳位給弟弟。太后就讓趙普當場記下這些話，作為誓書，藏在一個金匣子裡，交給一位可靠的宮人保管。

但宋人已不相信這個傳說。是否趙普想靠假造「金匱之盟」獻上一功，博得趙光義的重用，不得而知。但無論如何，趙光義能在輿論上取得自己即位的合理支持，是十分高興的。

由此，燭光斧影中，「金匱之盟」內，宋太宗趙光義即位之事遂成千古之謎。

其實，從常理揣度，就知這是一個陰謀。首先，如果太祖趙匡胤想傳位給弟弟，在當時完全可以光明正大地公諸朝堂，沒有任何阻礙，何必弄得這樣鬼鬼祟祟，又是燭光，又是斧影？其次，「金匱之盟」早就訂好，何必等趙光義即位五、六年後才弄出來；趙普一直好好地在開封待著，又不健忘，為什麼不在趙光義即位之時就公布出來，也好免去許多議論？

由此看來，趙光義奪走了哥哥的位子，即便不是蓄謀將他害死，也是趁他生病之時伺機篡位，只是未像其他人那樣笨拙，搞得血淋淋的罷了！

9 失小忠，得大忠

人言：「忠臣不事二主，好女不嫁二夫。」如果把臣子事君比作女子嫁夫，魏徵是三嫁猶不足，直到第四嫁，才找到了正主，應該算不得「忠臣」和「好女」了。可偏偏魏徵名垂千古，不要說在浩若煙海的芸芸官僚中，就是在歷代名臣中，他也是名臣之尤，能趕得上他的，恐怕不是很多。原因何在？

其根本原因就在於他是一位巧忠良臣。他歷事諸主，並不一味地愚忠，為一家一姓乃至一人去無謂地獻出生命，但他又不是見風使舵，投機取巧，更不是為了個人的名利或苟延殘喘而去朝秦暮楚。在他的心中，有一個準則，那就是上安君國，下報黎民。有了這個基本準則，他就可以明確自己「擇主」的標準，而不是隨便摸到一個就奉為神明。

從歷史事實看，他先事元寶藏，後事李密，再降李淵，又沒入竇建德軍中，繼而被皇太子李建成招為洗馬，最後被唐太宗李世民重用，任何一次都不是他主動積極地尋找或投奔，而是形勢所迫。但一旦進入，他又總是採取積極的態度，主動尋找機會，希望能夠成就一番事業。當建議不被採納或是機會不好時，只能說明他所尋非人，應當別就高明。所以，如果用「忠」字概括他的前朝經歷，他是「大忠」，而不是「小忠」。

魏徵，字玄成，生於北周靜帝大象二年（五八〇年）。其時天下大亂，他剛出生不久，北周政權就為楊堅所推翻，他的青少年時代就在隋朝度過。魏徵出身於書香世家，他的父親魏長賢就是一位博學多才的人，曾經出仕隋朝，做過地方官，但年紀不大就去世了。當時，魏徵還很年輕，家中十分清貧，但他胸懷大志，總想幹出一番事業。於是，他刻苦讀書，勤奮學習，在學問和政治才幹上打下了良好的基礎。

當時正值隋煬帝荒淫無道，天下英雄豪傑紛紛起兵反隋。在各路起義軍中，李密的勢力最大。李密原是隋朝上柱國李寬的兒子，出身於封建貴族之家，自幼熟讀史書，且卓有才華。他看到隋朝滅亡已勢所難免，就起兵反隋。一天，他接到另一支起義軍首領元寶藏的來信，拆開一看，竟被此信中深刻的見解、充沛的氣勢和富麗有力的文辭所吸引，覺得書信絕非出於元寶藏之手，寫信之人肯定既有才華，又有政治才能。李密就派人前去打聽，探知起草書信的人是元寶藏的祕書魏徵。

原來，武陽郡郡丞元寶藏起兵反隋，就去尋找舊日的好友魏徵。這時，魏徵因天下紛亂，一時心中茫然，不知所從，便出家當了道士，以避一時之亂，並藉此觀望天下大勢。元寶藏起兵後請他出山，讓他掌管軍中文書，所有與李密及其他人來往的信函，均是由他起草。李密見到他寫的書信以後，對他非常賞識，就立即派人把他請去，讓他掌管軍中文書。這時，魏徵已經三十八歲。

在李密軍中，魏徵的地位很低，對重大的軍事決策，他沒有任何發言權。當時，李密的瓦崗軍聲勢浩大，攻占了全國最大的糧倉，也是隋朝最主要的糧倉河南的洛口倉、回洛倉和黎陽倉，開倉救濟饑民，使起義軍發展到全盛階段。也就在這時，隋朝大將王世充據守洛陽，與起義軍展開了生死搏鬥。由於起義軍發展迅速，又被勝利衝昏了頭腦，軍中存在著速戰速決的思維。

魏徵清醒地查覺到起義軍中的許多不足，但又苦於無處進言，就找到李密的長史鄭頲，對他說：「起義軍雖有重大勝利，但傷亡也很大，現在軍中費用緊張，儲備有限，且賞罰不均，不宜同隋軍硬拚硬打。目前之計，在於深溝高壘，以待敵軍糧盡；等敵軍撤兵，再行追擊，可獲大勝。」

鄭頲十分藐視魏徵，說他的話是「老生常談」，見解淺陋。結果，李密決定速戰，大軍列營而不設壘，被王世充火攻加奇襲，慘遭失敗。經此一役，瓦崗軍徹底覆滅。李密被迫率殘部投降了李淵。李密一開始尚受重用，後來漸被冷落。他心有不甘，又到洛陽一帶招撫舊部，重新起兵，反對李淵。不久即兵敗被殺。

當時，魏徵看到李唐政權較有前途，就向李淵請求前去招撫李密舊部。李淵很高興，任命他為管理國家圖書檔案資料的尚書丞，前去太行山以東地區活動。那時，李密的部下徐世勣勢力很強，他就先寫了一封信，對徐世勣說：「當初李密起兵反隋，振臂一呼，四方就有數十萬人回應，幾乎得到隋朝的半個天下。後被王世充打敗，繼而被殺，瓦崗軍是無法東山再起了。反觀李淵，得天下已成定局。現在你所守的黎陽是兵家必爭之地，應該早做打算。如果不能認清形勢，將來恐怕悔之不及。」

徐世勣覽信之後，覺得也無其它善策可想，況且李密已被殺，便聽從魏徵的勸告，投降了李淵。李密的其他舊部見徐世勣降唐，也多紛紛歸附。

徐世勣在徵得李淵的同意之後，以國君之禮葬了李密。魏徵則為李密撰寫了《唐故邢國公李密墓志銘》。墓志銘中，他不講個人恩怨，不抱怨李密沒有聽從他的建議，而是充分肯定了李密的英雄本色，表達了尊重，寄予了同情。他把李密比作垓下失敗的項羽，意即李密雖然失敗，也還是一位大英雄。

魏徵如此評價李密，竟不怕李淵的追究，對李密，他也不以屢次拒納正確建議為忤，而是實事求是地描述其一生。他的這種態度和精神，得到了時人和後人的讚揚，並沒有人指責他背叛李密，投降李淵。

武德二年（六一九年）十月，農民起義軍首領竇建德領兵南下，攻占了徐世勣防守的黎陽。恰巧魏徵也在城中，竇建德仰慕他的文名，就命他為記錄皇帝言行的起居舍人。魏徵雖在竇建德軍中歷時一年半，其實並未發生什麼作用。隨後，竇建德、王世充被李世民打敗，魏徵復投李淵。

魏徵原先招撫李密舊部有功，但被脅入農民軍中一年半，再度歸唐後就很難被重用。太子李建成聽說魏徵即有才華又有才能，就把他找來，給了他一個管理圖書經籍的小官，叫作洗馬。在這一階段，魏徵雖有文名，實際上並未發生多大的作用，只是給李建成提過一個建議，讓他帶兵去攻打不堪一擊的劉黑闥，既可建立軍功，又可暗結豪傑。太子聽從了他的建議，果然取得圓滿的成功。

不久，李世民發動「玄武門之變」，殺死了哥哥太子李建成、弟弟齊王李元吉，自己當了太子。李世民也知道魏徵既是李建成的心腹，又非等閒人物，就立刻招見，責問他：「你為什麼挑撥我們兄弟間的關係？」魏徵沒有巧言機辯，而是據理回答，不管是否觸怒李世民，是否會被殺頭。他說：「人各為其主。如果太子早聽我的建議，就不會遭到今天的下場了。我忠於李建成，沒什麼錯。管仲不是還射中過齊桓公的帶鉤嗎？」

李世民聽他說得既坦率又有理，尤其他舉出了管仲箭射小白的歷史故事，自己更不能顯得連齊桓公小白重用仇人管仲的氣度都沒有，就赦免了他，並封他做掌管太子文書的管事主簿。至此，魏徵結束了他轉來跳去，頻繁更換主人的生涯，開始了他一生真正有價值、有意義的時代。

唐太宗李世民是中國歷史上少有的明君。他之所以「明」，根本原因之一就在善於納諫。由於中國歷史的發展和他個人的品德才能，使唐朝成為中國歷史上最為鼎盛的時期。太宗任命魏徵為諫議大夫，表現了自己對魏徵才能的認可和對他本人的信任與尊重；後來又把他提升為尚書丞，更讓他隨侍左右，時時處處提醒自己。

有一次，魏徵對太宗說：「希望陛下讓我做一個良臣，不要讓我做一個忠臣。」太宗聽後很吃驚，忙問：「難道良臣和忠臣有什麼區別？」魏徵回道：「區別很大。良臣身享美名，君主也得到好聲譽，子孫相傳，流傳千古；忠臣得罪被殺，君主得到的是一個昏庸的惡名，國破家亡，忠臣得到的只是一個空名。」太宗聽後十分感動，連聲稱讚魏徵的話很對，送給他好絹五百匹。

正如魏徵自己所說，他既使自己贏得了名聲，又使君主獲得了聲譽，還使國家百姓得到了好處。他在進諫之時，不僅不為自己的實際利益乃至性命考慮，也不為自己的名譽考慮，實實在在，有什麼問題就講什麼問題，苟且偷安、沽名釣譽與他無涉。他所進之言，皆於國於民有利，動機與效果得到了很好的統一，因而成全了君、臣的名聲，造福了國家百姓，贏得了時人和後人的尊敬和讚揚，故稱之為「良臣」。

10 給出「位子」，留住實力

公元前一八八年，年僅二十三歲的漢惠帝撒手西去，年已花甲的呂雉哭得驚天動地，卻「哭而不哀」。他的心意，張良十五歲的兒子張闢強當即猜中。他把左丞相陳平悄悄拉到一旁，說出了呂雉的心裡話。

陳平為免除殺身之禍，保住諸元勳在朝中的地位，便向呂雉推薦了她的三個侄子呂臺、呂產、呂祿去軍中任將。呂雉心花怒放，當即對陳平大加讚賞，隨後便宣詔大赦天下，安葬惠帝。劉恭繼位，由太皇太后呂雉臨朝稱制，史稱高后臨政。

呂雉臨朝之後，自感由呂氏家族替代劉氏家族的漢王朝時機已到，便欲為呂氏家族諸呂封王。

一次上朝，呂雉將此事告知右丞相王陵。王陵當即搖頭，並以先帝劉邦稱帝時，曾聚集群臣殺馬塗血立盟曰：「非劉氏而王者，天下共擊之。」告誡呂雉。

呂雉聽了，怒不可遏，又轉身詰問陳平及周勃等重臣元老。

陳平心中明白，此時與權傾朝廷內外的呂雉針鋒相對，只會激起她的殺戮之心。

與其自取滅亡，不如暫且順應，以待時機。於是他忍住怒氣，說出太后稱制天下，冊封呂氏子弟，也是順理成章之事的話來。

退朝之後，呂雉對王陵恨之入骨，不久便將王陵另任為太傅，升任陳平為右丞相，審食其為左丞相。王陵離開相位，便稱病回到故鄉。

呂雉趕走王陵，立刻分封諸呂，官拜七王九侯，將漢室的一統天下分了個七零八落。史稱「呂氏之變」。

正在呂氏家族得意忘形之時，剛剛懂事的小皇帝劉恭得知自己並非母后所生，自己的任位是生母慘死的代價所換來，不由得悲憤萬分，說出要為生母報仇的話來。

不久，此話傳進呂雉的耳中。呂雉惱羞成怒，便謊稱小皇帝有病，不許侍臣接近，實則是將小皇帝劉恭幽囚了起來。

很快，呂雉召集群臣，將小皇帝廢掉。群臣懾於其淫威，誰敢反對。於是在眾臣默認之下，將小皇帝祕密殺害了。

劉恭被害之後，呂雉又在劉氏家族中挑選皇帝，最後選中了恒山王劉義，改其名為留弘，扶其登基，仍然由自己專權。

呂氏專權，到了登峰造極之時，實際上，也幾乎接近了埋葬她的墳墓。

面對呂氏傾國，陳平、周勃等一批開國元老早已存下誅呂之心。但丞相陳平與太尉周勃平日來往甚少，對此事又都十分戒備，各自祕而不宣。

為使劉氏集團互相溝通，形成中堅力量，太中大夫陸賈便從中穿針引線，將陳平與周勃這對將相串連起來。

周勃追隨劉邦征戰四方，屢立奇功，是劉邦軍中的一員猛將。在劉邦病危之時，燕王叛亂，周勃受命於劉邦病榻之前，曾與陳平一起接替了呂氏親信樊噲的兵權，率大軍二十萬，一舉平息了燕王的叛亂。因此，劉邦生前對周勃輔低劉氏執掌朝權，寄予厚望。呂氏篡權之後，周勃早就義憤難平，所以陸賈提出將相合力，一致抗呂的建議，正中其下懷。

此後，陳平趁為周勃祝壽的時機，厚贈壽禮，還備下豐盛佳肴，邀周勃共飲，商談誅呂之舉。不久，在陳平與周勃這對文臣武將周圍便集聚了一批反對呂氏家族的文臣武將。朝廷內外，反對諸呂的呼聲也愈發高漲。

公元前一八〇年正月，發生了日全食，白晝昏暗如夜晚。呂太后自認為是上天誡示她，心中極度憂慮，神情恍惚，常做惡夢。於是，她加進許多和尚、道士及江湖術士，設壇祭鬼，以尋心安之策，卻仍常常夢見趙王劉如意的鬼魂找她算帳，睜眼閉眼便覺周圍都是劉邦的兒子前來討債，不由驚懼無常，一病不起。

公元前一八〇年夏季，呂雉病入膏肓，已是奄奄一息。但她仍不放棄呂氏稱霸天下的最後努力，為自己的身後做了周密的策劃、安排。她詔命趙王呂祿為上將軍，統領北軍，呂王呂產統轄南軍，形成南北保衛呂氏的陣勢。同時，將呂產升為相國，並讓呂祿的女兒與新皇帝劉弘成婚，又封了一批侯爵給呂氏家族。實際上，呂氏家族已經統攬了漢室天下。

是年七月歲末，呂雉結束她野心勃勃的一生。呂太后死後，劉、呂鬥爭公開化，周勃、陳平定計聯合劉襄、劉章，奪取南、北軍，一舉消滅了諸呂勢力，從劉邦的下一代中挑選劉恒繼承了皇帝，就是漢文帝。由此，西漢的歷史開始邁向興盛時期，即進入「文景之治」的黃金時代。

11 忠心事君者是替罪羊的最佳人選

明成祖永樂年間，鎮守貴州的都督馬燁採行了一系列手段，企圖激怒當地土著造反，藉此興兵鎮壓，以一舉廢除當地的土司制度，代之以中央派任的官員。一次，他當眾把土司大頭目的妻子奢香剝光衣服鞭打。土著果然憤怒萬分，打算起兵。眼看一場流血戰爭就要爆發。這時，任土司頭目的劉夫人是個「多智術」的女人，她馬上阻止土司們的魯莽舉動，親自進京「上訪」。

永樂對這一切自然洞若觀火，即刻把受到辱打的奢香召到京城，問她：「我為你除掉這個姓馬的，你怎麼報答我？」奢香叩頭道：「我們保證世世不敢犯上作亂。」永樂笑笑道：「這是你們的本分，怎麼算是報答呢？」奢香萬般無奈，只得說：「我們貴州的東北部有一條通四川的小路，如果你為我報了仇，我就開通此路，供官府驛往來。」這筆交易當場敲定，馬燁被召回斬首，貴州方面則為朝廷提供了一條驛路。

後來，永樂提及此事，這麼說：「我也知道馬燁對朝廷忠心不二，但如果我顧惜他，就無法安定這一方了。」

西漢文帝時，淮南王劉長因密謀勾結閩越、匈奴造反，被文帝召到長安後逮捕。經審，淮南王罪行確鑿，當處以棄市極刑。文帝接到案件審理的結果，為了顯示其統治的寬柔政策，並念及劉長是自己同父異母的弟弟，就決定將劉長的死罪改善削去王爵，發配四川。文帝的本意是想藉此教訓一下淮南王，讓他有足夠的思悔時間，如果劉長在途中有悔過的表示，就可以將劉長重新召回。所以，劉長雖是囚犯，並沒有派真正的差役在後面押解，還允許他攜帶宮女幾十人同行。

劉長是一個脾氣剛烈、野心勃勃的人，他為自己的造反計畫沒能實現而恨恨不已。眼下他已是階下囚、籠中鳥，任人宰割，又覺得漢文帝不處死他而是把他發配到四川，實際上是有意折磨他，讓他比死還難受。所以，他憤恚絕食，死在車上。

車子到達雍縣（今陝西鳳翔縣南），縣令大著膽子啟封驗看。這一看不打緊，他發現淮南王早已死在車上，嚇得急忙向上級彙報。至於劉長死於何時，不得而知。

文帝聞知消息，龍顏大怒。他害怕這一來，自己要擔上個謀殺親弟弟的罪名，對他的統治造成妨礙。為了洗刷自己，他立即下令，將雍縣之前沿途各縣級長官全部殺死棄市，罪名是他們不啟封關防，送食問候，導致劉長餓死。這幫縣吏統統成了文帝的替罪羊。

12 做替罪羔羊的忠臣晁錯

封建官場，時時有替罪羔羊登台表演。這或是因為形勢的需要，或是因為這些人不善謀身，或是二者兼而有之。從而，許多忠臣良士便只好乖乖地聽任主上宰割。

漢朝末年，曹操率軍伐敵，久攻不下，糧草漸感不支。督糧官只得減少軍士的定量，以便節省糧食，多支撐一些日子。但這麼一來，軍士既吃不飽，又知道軍中乏糧，就有些慌亂。曹操一見軍心不穩，十分焦急，就想出一條安定軍心的計策。他把督糧官叫進帳來，說有一條穩定軍心的計策。督糧官十分高興，以為曹操已經尋到糧草。沒想到曹操竟說：「現在為了軍國大計，只得委屈你，容我借你的人頭一用！」言畢即喝令將這督糧官推出斬首。然後，他把督糧官的頭掛在旗杆上，號令全軍：「督糧官剋扣軍糧，貪贓枉法，現已斬首示眾。」並令人給足食糧。此後，軍心果然大定。

明代建文帝時，儒臣方孝孺曾多次建議，設法牽制燕王朱棣。朱棣聽後十分害怕，只得裝瘋避禍。後來他做好了準備，起兵造反，直逼南京，並謊稱是為了誅除奸佞之臣方孝孺，以清君側。好在建文帝及群臣都知道西漢吳王劉濞「誅晁錯，清君側」的故事，未妄加誅殺。否則，方孝孺就又成為替罪羔羊了。

在中國歷史上，西漢時期的吳、楚七王之亂是一次著名的藩王叛亂事件，這次叛亂，以「誅晁錯，清君側」號召。晁錯終於做了替罪羔羊。晁錯之死，有多方面的原因。

漢文帝死後，太子啟即位，是為景帝。這時，自劉邦以來分封的諸劉藩王勢力逐漸強大，有的靠煮海為鹽，有的靠冶山礦為錢，發展出很強的經濟勢力和獨立性。這在漢朝中央政權看來，已漸成尾大不掉之勢。晁錯就是在這種情況下登上歷史舞臺。

晁錯才識過人，卻不諳人情世故，不知自謀後路，只知一味前行。這種性格，在一定程度上決定了他悲劇性的結局。

景帝即位後，由於晁錯的對策很合他的心意，遂將其由中大夫提升為內史。晁錯本是景帝為太子時的舊屬，因而格外受到信任，經常參予景帝的一些謀議，他的建議也多被採納，朝廷的法令制度，他大多數都動了一遍。這樣一來，朝中大臣都知道景帝器重晁錯，沒有人敢與他頂撞。這就引起了一些人的嫉妒。

宰相申屠嘉覺得自己受到冷落，心懷不忿，暗中尋找時機，想把晁錯除去。正好，晁錯這時已有點忘乎所以，膽大妄為起來。一次，他未經任何人批准，擅自將他的內史署舍開了一個角門，穿過太上皇廟的短牆。原來，他的署舍坐落於太上皇廟的後邊，從署舍去大街，必須繞很長的圈子，如果能穿牆而過，就方便多了。為此，他找人來開門拆牆。這件事讓申屠嘉知道了，立刻令府吏草寫奏章，說晁錯未曾奏聞，擅自拆牆，實是蔑視太上皇，應以大不敬論罪，按律當誅。

有人聞知這件事，忙給晁錯通風報信。晁錯一聽，真是嚇得魂飛魄散，深夜中即跑進皇宮，面見皇帝。景帝本允許他隨時奏事，這時忽然賁夜來見，不知何事，連忙召見。等晁錯說明白，他卻說無妨，儘管照辦。

第二天上朝，申屠嘉呈上奏章，滿以為景帝會治晁錯的罪，誰知景帝看後，淡淡地說：「晁錯另闢新門以求方便，僅是穿過太上皇廟外牆，與廟無損，且早已告朕，丞相不必多心。」

申屠嘉下朝後妒怒交加，吐血而死。景帝就讓御史大夫陶青做丞相，升晁錯為御史大夫。晁錯不僅未得罪，反更受寵，也就不思其它，只顧報效皇上了。

晁錯接連升任，就像一般人在順境當中一樣，容易失去謹慎。他年輕氣盛，真覺得世上沒有做不到的事，更想趁此機會大幹一番，以報效皇上。於是，他上書景帝，請求首先從吳國開刀削藩。其書大意說：

當初高祖初定天下，諸兄弟年少，子侄也柔弱，所以大封同姓諸王。齊國有七十餘城，吳國有五十餘城，楚國有四十餘城，幾乎把半個天下封給了他們。現在，吳王稱病不朝，按照古法，應當誅殺。文帝不忍，特別賜予几杖，這是最厚的仁德了。吳王本當改過自新，卻反而更加驕橫無禮。他靠山冶銅鑄錢，煮海水製鹽，誘收天下逃亡的罪犯，陰謀叛亂。現在看來，削藩吳、楚等國要反，不削藩也要反。削藩，可促成他們早反，因其準備不充分，為禍就會小一些；如果不削藩，他們準備充分了，雖反得遲一些，卻是為禍甚大，不易平定。

景帝平時就有削藩的想法，此時經晁錯提出，就把晁錯的奏章交給朝中大臣討論。眾臣懾於晁錯的權勢，幾無人敢有異議，只有詹事竇嬰極力阻止。竇嬰雖無很高的職位，但因他是竇太后的侄子，有內援，才不懼晁錯，敢於抗言直陳。因有竇嬰反對，削藩之事也只有暫且作罷。晁錯削藩之議不成，便暗恨竇嬰。

不久，竇嬰被免職。原來，景帝的弟弟梁王劉武來朝覲見，因竇太后特別喜歡這個小兒子，景帝曲承母意，遂格外優待這個胞弟，母子三人同席而飲。酒酣耳熱之際，景帝竟說自己千秋萬歲之後，當傳位給弟弟梁王。竇太后聽了很高興。梁王雖口稱不敢，心裡也著實得意。這話偏讓一邊侍候的竇嬰聽見了，他跑上前來，直呼「不可」，並強迫景帝罰喝一杯酒，收回成言，結果弄得劉武、竇太后很不高興。第二天，竇嬰免官，竇太后也將他除去門籍，不准進見。

晁錯見竇嬰免職，就復提前議。正在議而未決之時，楚王劉戊入朝，晁錯趁機說他生性好色，薄太后喪時亦不加節制，仍然縱淫，依律當處死，請景帝明正典刑。劉戊確是不遵禮法，不敬長賢，荒淫無度，楚國的幾位賢士如穆生、申公、白生等人相繼離去。太傅韋孟等人諷諫不成，也陸續引退。現在被晁錯抓到實處，他不能不認。景帝寬厚，未忍加刑，只把他的東海郡收歸朝廷，仍讓他回到楚國。

之後，朝廷又搜羅趙王過失，把趙國的常山郡削去。繼而查出膠西王劉卬私自賣官鬻爵，削去六縣。晁錯見諸侯沒有什麼抵制性的反應，覺得削藩可行，就準備向硬骨頭吳國下手。

正當晁錯情緒高漲，突見一位白髮飄然的老人踢開晁府大門，急走進來，劈面就說：「你莫不是要尋死嗎？」

晁錯仔細一看，竟是自己的父親，連忙扶他坐下。

晁父訓斥道：「我在潁川老家住著，倒也覺得安閒。但近來聽說你在朝中主持政事，硬要離間人家的骨肉，非要削奪人家的封地不可，外面已經怨聲載道了。不知你到底想幹什麼，所以特來問你！」

晁錯回道：「如果不削藩，諸侯各據一方，越來越強大，恐怕漢朝天下不穩。」

晁父長歎一聲。說：「劉氏得安，晁氏必危。我已年老，不忍心看見禍及你們，還是回去吧！」說完徑自離去。

吳王劉濞聽說楚、趙、膠西王均被削奪封地，恐怕很快輪到自己，便決意起兵造反。當初劉邦封劉濞時，曾告誡他勿反。

劉濞是劉邦的哥哥之子，劉邦帶他征討過陳稀。這劉濞孔武有力，驍勇善戰，軍功卓著。平定陳稀後，劉邦就幫他為吳王。封賞之時，劉濞伏身下拜，劉邦忽然發現他眼冒戾氣，背長反骨，料定他必反，直言相告：「看你的樣子，將來恐反。」嚇得劉濞汗流浹背。劉邦又撫其背說：「後五十年東南有亂，莫非就應在你身上嗎？為漢朝大業計，還是不要反的好！」現在，劉濞果真派使者聯絡膠西王劉卬、楚王劉戊、趙王劉遂及膠東、淄川、濟南六國一起造反。

吳、楚七國起兵不久，吳王劉濞發現公開反叛畢竟不得人心，就提出一個具有欺騙和煽動性的口號：「誅晁錯，清君側。」意思是說：皇帝本無過錯，只是用錯了大臣；七國起兵也並非叛亂，不過是為了清除皇帝身邊的奸佞大臣。

景帝一聽到叛亂的警報，立即召集群臣商議。晁錯平亂心切，居然不合時宜地建請景帝御駕親征。

景帝問道：「我若親自出征，誰來留守都城？」晁錯說：「臣當留守都中。陛下應出兵滎陽，堵住叛兵。徐、潼一帶，不妨棄去，令他們自生驕氣，自減銳氣，然後一鼓可平。」

景帝聽後，未加理睬，忽然想起文帝臨死前告訴他的一句話：「天下有變，可用周亞夫為大將。」便命周亞夫為太尉，領兵出征。周亞夫並無推辭，領命而去。

不久接到齊王求援的告急文書。景帝想起竇嬰忠誠可嘉，便派人持節前去徵召。竇嬰還記前嫌，不肯受命；經景帝一再督責，才拜命而出。

竇嬰正要發兵，忽有故友袁盎來訪。袁盎曾是吳國故相。因晁錯為御史大夫，倡議削藩，他遂辭去吳相之職，回國都覆命。晁錯說袁盎私受吳王財物，謀連串通，應當坐罪。為此，小帝下詔免除了他的官職，貶為庶人。由此，袁盎對晁錯懷恨在心。他見到竇嬰，進言：「七國叛亂，由吳發起，吳國圖謀不軌，卻是由晁錯激成。只要皇上肯聽我的話，我自有平亂之策。」竇嬰原與晁錯不睦，雖是同朝事君，卻互不與語。聽了袁盎的話，他滿口答應代為奏聞。

袁盎身為庶人，不能晉見皇帝，只有透過竇嬰這條門路，才能奉特詔朝見。景帝一聽袁盎有平叛妙策，正如雪中送炭，立即召見。當時晁錯也在場，向皇帝彙報調撥糧餉的事。袁盎本想陷害晁錯，在這種情況下，他的言談舉止很可咀嚼一番。

景帝見到袁盎，即問：「吳、楚七國造反，你有什麼好辦法平定叛亂？」

袁盎並不顯出莊重的樣子，隨口答道：「陛下儘管放心，不必掛懷。」

景帝不想聽這種大而無當的話，催問道：「吳王倚山鑄錢，煮海為鹽，招誘天下豪傑，若非計出萬全，怎肯輕易發兵，怎能說不必憂慮？」

袁盎抓住他的心理，並不談及實質問題，而是進一步促發他的好奇心：「吳國只有銅、鹽，並無豪傑，不過是一群無賴子弟，亡命之徒，烏合之眾，如此一哄為亂，實不必憂。」

景帝有些心急：「你難道就是來說這些無用的話嗎？」

袁盎這才說：「臣有一計可平叛，只是不得外人與聞。」

景帝連忙屏退周圍的人。但晁錯還在。

袁盎十分清楚，如果當著晁錯的面說出自己的計畫，晁錯必定會為自己辯解，景帝肯定下不了決心。到那時，不僅殺不了晁錯，自己反倒可能賠上一條命。所以，他趕忙又說：「臣之計，除了皇上，任何人不能聽到！」

說完這話，他的心忍不住吊了起來。如果景帝不要晁錯趨避，又逼著自己說出計策，那自己就是死路一條了。好在沈吟了片刻之後，皇上終於對晁錯說：「你先避一避吧！」

待晁錯退出，袁盎抓住這千載難逢的機會，立即上奏：「陛下知道七國叛亂打出的是什麼旗號嗎？是『誅晁錯，清君側』。七國書信往來，無非說高帝子弟裂土而王，互為依輔，沒想到出了個晁錯，離間骨肉，挑撥是非。他們聯兵西來，無非是為了誅除奸臣，復得封土。陛下如能誅殺晁錯，遣使赦免七國，賜還故土，他們必定罷兵而去。是與不是，全憑陛下一人做主。」說畢，瞪目而視，再不言語。

景帝畢竟年輕識淺，不能明辨是非，聽了袁盎這番話，又想起晁錯建議他御駕親征的事，也覺得晁錯用心不良，即使未與七國串通一氣，恐亦另有它圖。他當即對袁盎說：「如果可以罷兵，朕何惜一人！」

袁盎聽後，十分高興。但他畢竟是老手，為了避免景帝日後算帳，他要先把話栽實，讓景帝無法推諉責任。他鄭重地說：「事關重大，望陛下三思而後行！」

景帝頷首，把他封為太常，讓他祕密治裝，赴吳議和。

等袁盎退出，晁錯才出來。他也過於大意，明知袁盎詭計多端，又避著自己，所出之計應與自己有關，卻因太相信景帝，見景帝不說，也就置而不問，只繼續陳述軍事而已。

為息七國之兵，景帝避開晁錯，密囑丞相陶青、廷尉張歐等人劾奏，準備把晁錯腰斬。

一天夜裡，晁錯忽聽砰砰的敲門聲。他急忙起身。待家人來報，方知是奉詔前來，傳他立刻入朝。晁錯驚問何事。中尉只稱不知。晁錯急忙穿上朝服，坐上中尉的馬車。行進途中，晁錯忽覺並非上朝。撥開車簾往外一看，所經之處均是鬧市。正在疑惑，車子已停下，中尉喝令他下車聽旨。晁錯下車一看，卻是處決犯人的東市，才知大事不好。中尉讀旨未完，只到處以腰斬之刑處，晁錯已被所成兩段，身上仍然穿著朝服。

景帝聽報錯已棄市，又命將晁錯的罪狀布告全國，把他的母妻子侄等一概拿到長安。唯晁錯之父於半月前已服毒而死，不能拿來。景帝命已死者勿問，餘者處斬。晁錯族誅，袁盎又赴吳議和，景帝以為萬無一失，七國該退兵了。但等了許久，並無消息。

一日，周亞夫軍中校尉鄧公從前線來見景帝。景帝忙問：「你從前線來，可知晁錯已死，吳、楚願意罷兵嗎？」

鄧公直言不諱地說：「吳王蓄謀造反，已有幾十年，今天藉故發兵，其實不過是託名誅錯，本是欲得天下，哪裡有為一臣子而發兵叛亂的道理？您現在殺了晁錯，恐怕天下的有識之士都緘口而不敢言了。晁錯欲削諸侯，乃是為了強本弱末，為大漢世代之計。今計畫方行，就遭族誅，臣以為實不可取。」

景帝聽罷，低頭默然。

袁盎到吳國議和，吳王當然不許，反把他囚禁起來。好在他寧死不降，總算有點氣節。後來經人相救，逃回長安。誅殺晁錯一事雖由袁盎提議，卻是景帝一手操辦，又兼袁盎拒不降吳，不便加罪，景帝只好讓他照常供職。

晁錯成了替罪羔羊，用來平息叛亂，死得確實冤枉，完全是一場政治、軍事與權謀鬥爭的犧牲品。在封建官場慘無人性的爭鬥中，充斥著機詐、殘忍、嫉妒、仇恨和愚昧，一味正直前行的人往往會在這臺惡魔般的機器裡被碾成齏粉。

第4章
你眼中所看到的，不一定是真實

大凡辦事的人，怕人說他因循，就用補鍋法，無中生有，尋些事辦。及到事情棘手，就用鋸箭法，脫卸過去。上述二妙法，是辦事公例，合得這公例的就成功，違反這公例的就失敗。

——李宗吾

1 張柬之匡扶李唐反遭陷

唐王朝前期盛極一時，但到天授元年（六九〇年），武則天竟篡唐，改國號為周。隨後，在統治集團內部逐漸形成了多種宗派勢力，矛盾鬥爭日趨複雜。神龍元年（七〇五年），武則天病重，宰相張柬之等順乎民心，發動政變，歸正李氏，擁立中宗李顯重定。按照通常有功必賞的慣例，第一勳臣當然是張柬之。可是，不久他竟遭到殺戮。這究竟是怎麼一回事？

張柬之，字孟將，襄州襄陽（今湖北襄樊）人。唐高祖武德八年（六二五年），他出生於一個累世無官宦的寒門之家。這種家世，在世族禮法門風盛行的初唐，地位極為低下。後來，他發憤學習，入了太學；繼之做了小官，官運不順，顛沛流離。直到長安二年（七〇二年），他的境遇方得到轉機。這一年，武則天讓宰相狄仁傑舉賢。

狄仁傑，并州太原（山西太原）人。他在治理豫州（今河南汝南）時受到武后的重視，得到提拔，擔任宰相。他對武后說：「陛下如果求的是文章資歷，陸機、潘岳之輩，那麼宰相李嶠、蘇味道二人足矣。如果求的是治國安邦，麟鳳龜龍之士，那麼荊州長史張柬之雖老，真是宰相之才，用之必能盡節於國。」

張柬之博學有才，武后也清楚，但她無法容忍其不斷上書提意見，因此只給他一個略州（河南洛陽）司馬的官職。

隔了幾天，武后又讓狄仁傑選才。

狄仁傑奏曰：「臣嘗舉張柬之，未用也。」

武后答道：「朕已遷之。」

「臣薦宰相而為司馬，非用也。」

由於狄仁傑再三敦促，乃拜張柬之為司刑少卿。不久，擢遷秋官侍郎。

長安四年八月，夏官尚書姚崇出任靈武（寧夏靈武）道大總管。臨行前，武后令其舉外司為宰相者。姚崇奏道：「張柬之深厚有謀，能斷大事。其人年老，望陛下盡早用之。」在姚崇大力舉薦下，十月，遷張柬之為鳳閣鸞臺平章事，進拜鳳閣侍郎，正式登上宰輔之位。

神龍元年，武則天已經82歲。正月，武則天病重，宰相、太子等都見不到她，唯有張昌宗、張易之侍側，「居中用事」。朝廷局勢迅速緊張，問題集中到選誰當繼承人上。雖然二張根本沒有覬覦皇位的資格，但很難說他們會在暗中幹出何種勾當。他們確實擔心武則天一旦死去，失去靠山後的處境，因此「引用黨援，陰為之備」。

此時，洛陽城裡又出現「易之兄弟謀反」的傳說。

面對這種情勢，姚崇回到洛陽，張柬之立即派桓彥範和他商議。得到贊同之後，他快速聯絡禁衛軍將領，統率禁軍，簇擁太子李顯來到皇宮的「形勢要害之地」玄武門，迅速斬關而入，直奔武則天的寢宮迎仙宮長生殿活捉二張，斬於床下。

武則天面對既成事實，很不情願地禪位太子。次日，下詔命皇太子監國。第三天，李顯繼位，是為中宗，復國號「唐」。

這場中興唐室的政變，張柬之無疑是主要謀劃者。政變的成功，充分展現了他精明機智，運籌帷幄的才能。中宗重定，張柬之成為赫赫功高的勳臣，與其他四人共同掌握朝中軍國大政，稱「五人輔政」，被中斷了多年的唐王朝得獲「中興」。

但是，由於長期政局動盪，吏治腐敗，刑罰枉濫，積重難返，此時正是百廢待興。主要的弊端表現在以下幾個方面：一、是諸武勢力未完全清除，外戚干政形勢還存在，違法亂紀風行。二、是外朝冗官充斥，權力分散，相互牽制，行政效能低下。三、是貴族官僚奢靡無度，貪污成風，百姓賦役負擔沈重。

這些嚴峻的政治現實擺在張柬之等人面前，他們感到，只有徹底地剷除弊政，才是唯一的出路。因此，張柬之等人摩拳擦掌，準備轟轟烈烈地大幹一場，把射入唐王朝軀體的「箭頭」徹底拔出來。

張柬之一方面積極採取諸如罷斥冗員、減免賦稅、停建寺廟等等措施，以恢復經濟，發展生產。另一方面，他大力調整決策集團，罷斥武周時的重臣，同時扶植李唐宗室勢力。他還建請中宗進一步清除武氏外戚勢力。

只可惜，中宗登位不久，就暴露出他目光短淺，心無遠圖的缺點。他不僅不能剷除武氏勢力，而且縱容諸武肆虐。武三思是個嫉賢妒能、凶險奸詐、詭計多端的傢伙。早年他因姑母武則天的關係參政，深得信任。武則天倒臺以後，他搖身一變，勾結皇后韋氏和安樂公主，培植親信，密結黨羽，排斥異己勢力。

韋后是中宗李顯早年的結髮妻子，當年，中宗被廢為廬陵王，在房州（湖北房縣）達十五年之久，韋氏備嘗艱辛，二人情義深厚。李顯即位後，即立之為皇后。

中宗聽任武三思與韋后勾結。韋后常微服密幸武三思府第，與武三思私通。中宗置若罔聞，還常引武三思入禁中商議政事，並將安樂公主嫁給武三思的兒子武承訓。武氏勢力由是復振。

張柬之、桓彥範等看到武三思與韋后狼狽為奸，玩弄權柄，不斷上疏進諫，希望中宗清除外戚干政，獨立行事。中宗不僅不予採納，而且大感厭煩。

武、韋勢力強大，張柬之等人的地位開始動搖；加之中宗態度曖昧，更使他們感到岌岌可危。就在這時，又意外地發生一起事件：中宗在密幸武三思府第途中，正好與監察御史崔皎撞首。崔皎面諫，請誅武氏。結果，中宗將此事告知武三思，「三思之黨切齒」，決定打擊和報復。首當其衝者正是夏官尚書張柬之。

武、韋集團對張柬之等人不斷展開攻擊。先是，武三思與韋后利用接近中宗的機會，誣陷張柬之等五人恃功專權；繼而替中宗出謀劃策，請封張柬之、桓彥範等五人為「王」，罷其政事，外不失尊寵功臣，內實奪其權。

昏庸的中宗不假思索，接受了這一建議，封張柬之為漢陽王、桓彥範為扶陽王。同時，被五人黜退的官員，中宗一律恢復其官職。並正式下令：「百官復修則天之政。」五人輔政就此夭折。

張柬之被罷知政事後，奏請歸襄州養疾。中宗許之，特授其襄州刺史之職。臨行時，還親自率領群官送至定鼎門外，並賦詩餞行。

武、韋集團的陰謀活動還在繼續。張柬之到襄州後不久，他們便迫使中宗下詔，將桓彥範等相繼貶出京師，並削奪王爵。繼之，誣告敬暉、桓彥範、張柬之等企圖刺殺武三思，並以兵脅廢皇后等，終於將五人擠陷到「十惡不赦」的必死之列。六月，中宗下詔貶張柬之為新州（今廣東新興）司馬。不久，流放隴州（今廣東羅定），含恨離世。張柬之對中宗李顯復位建下大功，最終卻死於中宗之手，原因？就是違反了辦事公例——鋸箭法，把問題解決得太徹底了。箭頭沒有取出來，自己的命先沒了。

2 病除之日，醫亡之時

清代，雍正即位，把先帝康熙諸皇子及其親信、家屬一一論罪之後，又將刀鋒轉向自己的寵臣，為幫助自己登上皇帝寶座出力不少的年羹堯與隆科多。

年羹堯字亮工，漢軍鑲黃旗人，進士出身，頗有將才，多年擔任川陝總督，替西征大軍辦理後勤。他早年就是皇四子胤禛（雍正）集團成員，還將妹妹送給胤禛當側福晉，以表對主子的親近和忠心。

隆科多是孝懿仁皇后的兄弟，既任步軍統領，又是國舅之親，康熙十分器重，後來更成為康熙病中唯一的顧命大臣。

雍正與這二人交結，自有其深刻用心。康熙末年，由於太子被廢，諸皇子見機，都加緊爭奪嗣位的鬥爭。胤禛暗地裡自然也著力較勁。他很清楚，除了用精明務實的辦事能力博取父皇的信任外，必須集結黨羽，拉攏擁有兵權的朝中重臣。他看中的正是隆科多和年羹堯。

隆科多統轄八旗步軍五營二萬多名官兵，掌管京城九門進出，可以控制整個京城局勢。而年羹堯轄地正是皇十四子允　駐兵之所，處在可以牽制和監視允禵的有利地位上。西安又是西北前線與內地交通的咽喉所在，可謂全國戰略要地。所以，後來史家也認為：「世宗之立，內得力於隆科多，外得力於年羹堯。」

雍正即位之初，隆科多和年羹堯順理成章，成為新政權的核心人物，雍正恩寵有加。當允禵被召回，年羹堯即受命與掌撫遠大將軍印的延信共領軍務。未及半年，雍正又將西北軍事「俱降旨交年羹堯辦理」。

雍正元年十月，青海厄魯特羅卜藏丹增發生暴亂，雍正又任命年羹堯為撫遠大將軍。年羹堯也不負聖恩，率師赴西寧征討，平定暴亂，威鎮西南。雍正詔授年羹堯一等公爵。

雍正不但對年羹堯加官進爵，贈予權力，還關心其家人，籠絡備至。他甚至把年氏視作「恩人」，非但他自己嘉獎，且要求「朕世世子孫及天下臣民」，當對年羹堯「共傾心感悅。若稍有負心，便非朕之子孫；稍有異心，便非我朝臣民也。」又口口聲聲對年說：「從來君臣之遇合，私意相得者有之，但未得如我二人之親耳！總之，我二人做個千古君臣知遇榜樣，令天下後世欽慕流涎就是矣。」

這類甜言蜜語，出自皇帝之口，實在罕見。

雍正就這樣以其過度的姿態、肉麻的言語，哄蒙、迷惑著年羹堯。年羹堯卻蒙在鼓中，真以為皇帝老子是他的知己，他也就以皇帝老子為後臺，據功恃傲，驕肆蠻橫起來。年羹堯凱旋還京，軍威甚盛，盛氣凌人。雍正至郊外迎接，百官伏地參拜，年羹堯卻不動，與雍正並轡而行。這時，雍正心中甚是不快。他哪容得臣下如此不恭。自此，始有嫌惡之意。

雍正三年四月，雍正僅以年羹堯奏表中字跡潦草和成語倒裝，就下詔免其大將軍之職，調補杭州將軍，以解除其兵權。朝中臣僚見年羹堯失寵，便紛紛上奏，檢舉揭發年的種種違法罪行。此時雍正又聽說年羹堯在西北之時，曾與允禩等人有所交往，密謀廢立等謠傳，他本就生性猜忌，便決意要殺年羹堯。

最後，議政大臣等羅列了年羹堯幾條罪狀，擬判死刑，家屬連坐。雍正以年羹堯有平青海諸功，賜其自裁。其父以年老免死，子年富斬立決，其餘15歲以上男子俱發往廣西、雲南極邊煙瘴之地充軍。族人全部革職。有親近年家子孫之人，也以黨附叛逆罪論處。

隆科多的命運與年羹堯如出一轍。雍正即位之初，對他備極寵信，授吏部尚書，加太保，賞世爵。隆科多亦恃恩驕肆，多為不法。年羹堯獄起，隆科多起而庇護，激起龍顏大怒，被削去太保銜，詔奪世爵。四年初，被罰往新疆阿爾泰充軍，家人牛倫被斬。五年十月，又以家中抄出私藏玉腰罪，詔回革職查問。接著，從臣擬罪名達一百一十項，雍正下旨，將隆科多下獄，永遠禁錮。是年冬天病死獄中。其妻子家屬也被流放成奴。

有些人認為，年、隆之獄，乃二人功橫意行，恣意不法，不知韜晦斂跡，以保全終所致，實咎由自取。這不能說沒有道理。然雍正口蜜腹劍，笑裡藏刀，猜忌之心重；尤其隆科多為康熙病重時唯一的顧命大臣，以改遺詔，擁立雍正，年羹堯又為其監視牽制允禵等諸皇子，二人在雍正篡位事件上掌握的祕密最多，所以雍正為滅口而殺人的可能性極大。

表面上看，好像年、隆二人被處罪的司法程序完全符合當時的法律制度，實際上，這所謂司法程序，也完全由雍正所控制，二案的製造與殺戮完全出自雍正本人的意圖，這是無可懷疑的。又是那句老話：「狡兔死，走狗烹；飛鳥盡，良弓藏。」

身為臣子，切忌把箭頭一次徹底拔出。臣子的最高利益，在於掌握君主對自己的利用之心。一旦箭頭取出，君主對你的利用之心也就沒了。一個無用之人或許無足輕重，卻也可能有害。特別是幫助君主做一些見不得人的事，更是這樣。一旦陰謀得逞之日，也是幫助實施陰謀的臣子覆滅之時。從這個意義上說，陰謀要嘛不耍，要嘛就連著耍下去，直到把君主踏在腳下。

3 鄭莊公為什麼縱容太叔段？

做飯的鍋漏了，請補鍋匠來補。補鍋匠一面用鐵片刮鍋底煤煙，一面對主人說：「請點火來我燒煙。」他乘著主人轉背的時候，用鐵錘在鍋上輕輕地敲幾下，那裂痕就增長了許多；及主人轉來，就指與他看，說道：「你這鍋裂痕很長，上面油膩了，看不見，我把鍋煙刮開，就現出來了，非多補幾個釘子不可。」主人埋頭一看，很驚異地說：「不錯！不錯！今天不遇著你，這個鍋恐怕不能用了！」及至補好，主人與補鍋匠皆大歡喜而散。

鄭莊公縱容太叔段，使他多行不義，才舉兵征討，運用的是「補鍋法」了。歷史上，這類事情很多。

鄭莊公是為幽王抵抗犬戎戰死的大將鄭伯友的孫子，帶兵為父報仇，打退犬戎的鄭武公掘突的兒子。可以說，他的爺爺和爸爸對周天子都有很大的功勞。莊公共兄弟倆，自己的名字叫寤生，弟弟的名字叫段。寤生出生時難產，致母親姜氏受驚，因而不喜歡他。段則長得一表人材，人也聰明，所以姜氏非常寵愛。姜氏不斷在丈夫鄭武公面前誇獎小兒子，希望武公把王位傳給他。這樣，寤生和母親之間就有了隔閡。不過，武公還算明白，沒有同意姜氏的請求，最後還是把王位傳給大兒子。寤生即位，就是鄭莊公，並接著父親的職位，在周朝當了卿。

姜氏因小兒子沒有當上國君，心裡很不舒服，就去為段討封地。她很有心計，要求莊公把「制」這座城封給段。莊公告訴她，「制」是鄭國最為險要的城池，是戰略要地，虢國的國君就死在那裡，且父親說過，「制」這個地方誰也不能封。姜氏知道強求不得，就又請求把京封給段。京在現在河南省的成皋縣附近，對當時的鄭國來說，也是一座重要的大城，所以莊公仍然猶豫不決。在姜氏一再督促下，他才把京城封給了段。

段要離開都城，前往封地時，先向母親告別。段倒是沒什麼想法，但姜氏心裡明白，這兄弟倆恐怕不會融洽相處，遲早會火拼。姜氏的感情當然傾向小兒子段，便想提醒他早做準備。她對段說，莊公本不願封他，是在自己一再要求下，才把京封給了他；雖然封了，但遲早會出事，一定要先操練好兵馬，做好準備，有機會就來個裡應外合，推翻莊公，繼承君位。

段到了京，稱作京城太叔。對此，莊公的臣下十分焦慮不安；段在京的所作所為，更讓他們惶恐。果然，太叔段緊鑼密鼓地招兵買馬，擴充軍隊，嚴加訓練，並經常行軍打獵；繼之大修城牆，既擴大又加高加厚。

一天，大臣祭仲上奏莊公：「大城的城牆不得超過國都城牆的三分之一，中等城鎮的城牆不得超過國都城牆的五分之一，小城鎮的城牆不得超過國都城牆的九分之一，這是祖宗留下來的規矩，可如今京城太叔擴大了他的城牆，遠遠超過這一限制，再不阻止，恐怕往後就很難控制。」

莊公心裡明白，嘴上卻說：「太叔是為國家操練兵馬，建造防禦工事，有什麼不好？況且，有母親維護，我就是想管，也不好管呀！」

眾臣雖然表面上都說莊公器量大，為人厚道，卻又暗暗地替莊公著急。他們要祭足加大勸說莊公的力道。祭足對莊公說，姜氏貪得無厭，不如早早定下主意，替她找個地方安頓。不可再讓太叔的勢力繼續發展下去了，否則，恐怕很難收拾。蔓延的野草都很難剷除，何況是國君之弟呢？

至此，莊公終於吐露了心裡的話：「多行不義必自斃，子姑待之。」意思是說：不符合道義的事，幹多了，必然會自取滅亡，你就安心地等著看吧！

不久，太叔段強使西部邊境和北部邊境的城鎮投靠自己。公子呂聽到這個消息，趕緊跑去對莊公說：「國家不能分成兩個部分，有兩個君主。您對太叔打算怎麼辦呢？您如果打算把國家讓給太叔，就請允許我去奉事他，做他的臣子；若不願把國家讓給太叔，那就趕快把他除掉，以免讓老百姓生出二心來啊！如果百姓歸附了太叔，可就難辦了。」莊公卻十分沈著地應道：「你不用閒操這些心，太叔段會給自己找麻煩的。」

又過了一段時間，太叔段乾脆明目張膽地把西部和北部邊境的城鎮劃歸己有，其勢力範圍一直擴大到廩延這個地方。子封大感驚慌，急忙跑去對莊公而：「可以行動了。如果再任太叔他吞併城鎮和土地，占有更多人口，更加擴大勢力，可就難以對付了。」莊公仍是不動聲色地說：「做不義的事，得不到百姓的擁護，越是土廣人多，就越是滅亡得快。」

太叔段終於修治好了城郭，聚集了許多百姓，修整好了刀槍等戰爭用具，準備好了步兵和兵車。這時，莊公偏偏到周天華的都城去辦事，不在鄭國。姜氏認為這是絕好的機會，就寫信告訴太叔，她將偷偷地打開城門，接應他的軍隊，並約定好了日期。太叔接到了姜氏的信，一面寫回信，一面對部眾說是奉命到都城辦事，發動了步兵和兵車。

其實，莊公一切都準備好了。他並未到洛陽辦事，而是偷偷地繞了個彎，帶了兩百輛兵車經往京城。他還派公子呂埋伏在太叔的信使所必須經過的道路上，截獲了太叔寫給姜氏的回信。這樣，他就完全掌握了主動權。

太叔剛率兵出發兩天，莊公和公子呂就來到京城外。公子呂先派一些士兵扮成買賣人的模樣混進城去，瞅準時機，在城門樓上放火；看見火光，他立刻帶兵攻進城去，一舉攻占京城。

太叔出兵不到兩天，就聽到京城失守的消息，十分驚慌，連夜返回。但士兵已知太叔是讓他們去攻打國君，就亂烘烘地跑了近一半人。太叔見人心已不可用，京城必然無法奪回，只好逃到鄢（今河南縣鄢陵縣）這個小城。在這裡，他又吃了敗仗，遂逃到共城這個更小的地方。莊公和公子呂兩路大軍一夾攻，一下子就把共城攻下來。太叔走投無路，最後只好自殺。

莊公聽到弟弟自殺的消息，立刻跑去抱屍痛哭，邊哭邊說弟弟不該自殺。縱使有天大的錯，做哥哥的也會原諒的。這一哭，哭得周圍的人也忍不住流淚。莊公此舉，又一次贏得人心，大家都說他是一位好哥哥。

4 「三年不鳴，一鳴驚人！」

在中國歷史上，有一個韜光養晦的故事很有名，說的是春秋時期，楚莊王「三年不鳴，一鳴驚人」。他透過數年的辨中觀察，摸索，弄清了朝中大臣的真實心理和才幹，也鍛鍊了自己，增長了見識，為日後成就霸業奠定了基礎。這其實也是一個「補鍋法」的例子。

楚莊王即位之前，楚國的內政已經歷了長期的混亂。他的爺爺楚成王意圖爭霸中原，被晉國在城濮之戰中打敗。不久，又禍起蕭牆。

起初，原定商臣為太子，但不知怎的，成王居然發現商臣眼如黃蜂，聲如豺狼，生性殘忍，想改立公子職為太子。

商臣為了把事情弄清楚，特意設宴招待姑母，在宴上又故意輕侮之。這姑母果然憤怒地說：「怪不得你父親要殺了你，另立太子！」因為成王遇事總與妹妹商量，所以，商臣認為姑母的話證實了傳言。他連忙向老師潘崇問計。潘崇問道：「你願意奉事公子職嗎？」商臣回答：「不願。」又問：「你能逃出楚國嗎？」回答：「不能！」潘崇最後問道：「你能成大事嗎？」商臣堅定地應聲道：「能！」

公元前六二六年，商臣率領宮廷衛隊衝進成王的宮殿。成王喜吃熊掌，這時紅燒熊掌未燒，成王請求，等吃了熊掌再殺他。商臣說：「熊掌難熟。」他怕夜長夢多，外援到來，催促成王上吊。待成王一死，他立刻即位，即楚穆王。穆王在位十二年，死後由其子侶即位，是為楚莊王。

莊王即位時很年輕，剛開始，他並未雷厲風行地幹一些事，而是不問國政，只顧縱情享樂。有時，他帶著衛士、姬妾去雲夢大澤遊獵，有時在宮中飲酒觀舞，渾渾噩噩，無日無夜地沈浸在聲色犬馬之中。每逢大臣進宮彙報國事，他總是不耐煩地回絕，任憑大夫們自己辦理。他根本不像個國君，朝野上下也都拿他當昏君看待。

看到這種情況，朝中一些正直的大臣都十分著急，匆匆進宮勸諫。可莊王不僅不聽勸，反覺得妨礙了他的興致，對他們的勸告十分反感。後來乾脆發了一道命令：誰再來進諫，殺無赦。

三年過去了，朝中政事亂成一團，莊王卻仍無悔改之意。這期間，他的兩位老師鬥克和公子燮攫取了很大的權力。鬥克因為在秦、楚結盟中有功，莊王沒給他足夠的報償，心懷怨憤，公子燮要當令尹，未能實現，也懷不忿，二人因此串通作亂。他們派子孔、潘崇二人去征討舒人，趁機把二人的家財分掉，並派人刺殺二人。刺殺未成功，潘崇和子孔就回師討伐。鬥克和公子燮竟挾持莊王逃到了廬地，當地守將戢黎殺了他們，莊王才得以回郢都親政。就是經歷了這樣的混亂，莊王仍不見有甚起色。

大夫伍參憂心如焚，再也忍不下去，冒死晉見。來到宮殿一看，只見紙醉金迷，鐘鼓齊鳴，莊王左手抱著送國的姬妾，右手摟著越國的美女，案上陳列美酒珍饈，前方則輕歌曼舞。莊王看到伍參進來，當頭問道：「你難道不知道我的命令嗎？是不是來找死？」

伍參抑制住慌張，連忙陪笑道：「我哪敢來進諫，只是有一個謎語，猜了許久也猜不出，知道大王天生聰慧，想請大王猜一猜，也好給大王助興。」莊王這才放鬆臉，說：「你說說看。」伍參奏言：「高高的山上，有一隻奇怪的鳥，身披鮮豔的五彩，美麗又榮耀，只是一停三年，不飛也不叫。沒有人猜透，那到底是隻什麼鳥？」

當時的人喜歡說各種各樣的謎語，稱作「隱語」，語中通常有一定的寓意，不像今天的謎語這樣單純。

莊王聽完了這段話，思考了一會兒，說：「三年不飛，一飛沖天；三年不鳴，一鳴驚人。此非凡鳥，凡人莫知。」

伍參一聽，知道莊王心中有數，非常高興，就又趁機進言：「還是大王的見識高，一猜就中。只是此鳥不飛不鳴，恐怕獵人會射暗箭哪！」

莊王聽後身子一震，隨即叫他下去。

伍參退出後，立刻去找大夫蘇從，告訴他，莊王不久即可覺悟。沒想到幾個月過去，莊王仍一如既往，不僅沒有改過，還越發不成體統。

蘇從已難以忍耐，就闖進宮去諫奏：「大王身為楚國國君，即位三年，不問朝政，如此下去，恐怕會像桀、紂一樣，招致亡國滅身之禍啊！」

莊王一聽，立刻豎起濃眉，露出一副暴君的形象，抽出長劍，指著蘇從的心窩說：「你難道沒聽過我的命令，竟還敢辱罵我，是不是找死？」

蘇從從容地說：「我死了，還能落個忠臣的美名，大王卻落個暴君之名。如果我的死能使大王振作起來，讓楚國強盛，我甘願就死！」說完，面不改色，瞪視莊王。

莊王等待多年，竟乍個冒死諍諫之臣前來，他的心都快涼了。這時，他凝視了幾分鐘，突然扔下長劍，抱住蘇從，激動地說：「好哇，蘇大夫！你正是我多年尋找的棟梁之臣！」隨後，他立刻斥退那些驚恐莫名的舞姬、妃子，拉著蘇從的手談起來。兩人越談越投機，竟至廢寢忘食。

蘇從驚異地發現，莊王雖三年不理朝政，對國內外局勢，事無巨細，都非常關心，對朝中大事及諸侯國的情勢都了如指掌，對各種情況也都想好了對策。這使他不禁激動萬分。

原來，這是莊王的韜光養晦之策。他即位時十分年輕，朝中諸事尚不明白，也不知如何處置，況且人心複雜；尤其是若敖氏專權，他更不敢輕舉妄動。無奈之中，想出了這麼一個自汙以掩人耳目的方法，靜觀其變。在這三年中，他默默地考察了群臣的忠奸賢愚，也測試了人心。他頒布勸諫者死的命令，也是為了鑑別哪些是甘冒殺身之險而正直敢言的耿介之士，哪些是只會阿諛奉承，只圖升官發財的小人。如今，三年過去，他年齡已長，閱歷已豐，才幹已成，人心已明，也就露出了盧山真面目。

第二天，他就召集百官開會，任命蘇從、伍參等一大批德才兼備的大臣，公布了一系列法令，採取了消弱若敖氏的措施，並殺了一批罪大惡極的犯人以安定人心。從此，這隻「三年不鳴」的「大鳥」開始勵精圖治，爭霸中原。

5 只拉弓，不放箭

中國古代官場常見新官上任三把火，之後就開始給自己留後路了。表面上是雷厲風行，其實是雷聲大雨點小。但這還真能讓上司看到自己所謂的政績。

清末譴責小說《官場現形記》第18回，描寫朝廷派出欽差大臣去整肅浙江官場。那欽差大臣到了杭州，也不和官場上的人員多交往，一下子新造十副新刑具，三十副手拷、腳鐐，十副木鉤子，四個站籠，並一下子撤了抓了一百五十多名官、幕、紳、吏，把浙江官場嚇得戰戰兢兢。可這三斧子砍過，欽差就緩了許多，那些撤了職的人也不查辦，抓了的人也不審訊。原來這欽差離京前得宮內太監點撥，抱定「只拉弓，不放箭」的宗旨，先嚇唬一番，落個好名聲，再撈回幾個錢。過了幾天，浙江巡撫與欽差接上線，彼此透過關節講條件，欽差要兩百萬，一次搞定；巡撫不願這麼爽快，僵了幾天，終究還是讓那欽差大臣滿載而歸。

小說的描述難免戲劇化，不過，「只拉弓，不放箭」，確實可以視為歷代官場那些皇帝耳目官的行事原則。從皇帝來看，監察系統是用來醫治文武兩手的。可是，監察官與他們的監察對象「本是同根生，相煎何太急」。況且，對文武百官起腐蝕作用的種種因素，對監察官同樣起作用。

「御史初至，則曰：『驚天動地。』過幾日，則曰：『昏天黑地。』去時，則曰：『寂天寞地。』」剛來時，「只拉弓，不放箭」，擺出一點「驚天動地」的姿態。幾天後，與當地官員鬼混得「昏天黑地」。走了以後，所有貪官污吏照舊神氣活現，御使那拉弓氣勢無自無聲地消失，所以是「寂天寞地」。

以上是做事方面。做官也一樣，要善於把自己這張弓拉開，蓄積能量。沒有能量，也要製造能量，要有無中生有的本領。

6 阮籍不論人是非

阮籍是河南陳留人，他的父親是和孔融並列「建安七子」，官任曹操的書記官，以文筆卓絕聞名的阮瑀。阮籍3歲喪父，由母親養大。個性自由曠達，特立獨行，但喜怒哀樂不形於色。

阮籍有時埋首書籍，好幾個月不出家門一步；有時又深入山林，數日不歸。起初，周圍的人把他視作瘋子。他的堂兄阮武時任清河太守，以人物鑑賞獨具識見聞名，稱讚他是「我等皆不及之人才」。由此，時人逐漸把他當成非尋常人。

日後晉升司空的王昶曾說：「無論如何，想和你一會。」於兗州刺史任內，邀阮籍前來會面。然而，阮籍雖然前來，卻始終不發一言。王昶也只得歎道：「真是深不可測的人物啊！」

蔣濟是戰勝蜀將關羽，立下大功的將軍。他晉任太尉後，延攬阮籍為下屬。這一年是公元二四二年，阮籍33歲。

阮籍上京投宿都亭後，立刻寫了一封信給蔣濟：

籍死罪死罪。伏唯明公以含一之德，據上臺之位，英豪翹首，俊賢抗足。開府之日，人人自以為掾屬；辟書始下，而下走為首。昔子夏在於西河之上，而文侯擁彗；鄒子處於黍谷之陰，而昭王陪乘。夫布依韋帶之士孤居特立，王公大人所以禮下之者，為道存也。今籍無鄒卜之道，而有其陋，猥見采擇，無以稱當。方將耕於東皋之陽，輸黍稷之餘稅，負薪疲病，足力不強，補吏之召，非所克堪。乞回謬恩，以光清舉。

蔣濟正留意阮籍是否會漠視招聘的時候，收到這封奏疏。由於當時的社會風氣，凡事先謙辭一番才合乎禮儀，蔣濟自然高興地以為「這下有望了」。誰知道派人去接他，阮籍早已離去。蔣濟大怒。親友惟恐阮籍因此招禍，勸他上任，他才勉強接受。雖說這是頗為拐彎抹角的做法，但阮籍從一開始就希望本意不被看穿，不得罪人，從而韜光養晦地生活下去。

蔣濟後來參與司馬氏發動政變，加入司馬氏陣營。阮籍出任其僚屬不久，即稱病還鄉。之後，他當過尚書郎。但沒多久，又稱病辭職。

這時，曹爽任大將軍，專擅朝政，召阮籍為參軍。但阮籍還是很快地以生病為藉口，又辭職還鄉。次年，曹爽因權力鬥爭敗給司馬懿，被誅。

在派別明顯，對立強烈的社會，如果旗幟鮮明，歸屬明確，就能得到一時的安穩。但是，一旦自己的派別失敗，就只有遭受毀滅的命運了。

阮籍昧的態度，正是他保身全命的有效手段。

據說，曹爽同黨遭誅三族之後，世人都極為佩服阮籍的先見之明。然而，對阮籍而言，問題並不是這麼單純。隨著司馬氏獨裁體制的強固，不管喜不喜歡，阮籍都被迫要表明態度。他經常無目的地一個人驅車遊蕩，直到無路可走，才哭而歸返。

阮籍也曾滿懷經世濟民的理想，只因現實沒有他實踐理想的可能，他才選擇以方內之士行方外生活，如走鋼索般度過一生。

司馬懿發動政變時，阮籍40歲。自此之後，他再也沒有離開過官場。在司馬懿、司馬師父子兩代，他都是擔任從事中郎。之後，歷任東平相、步兵校尉。公元二五四年，司馬氏迎立傀儡幼帝曹髦，阮籍受封為關內侯，遷散騎常侍。

單憑這份經歷，也許會讓人以為他已經完全融入司馬氏的體制之中。但必須注意的是，在他的傳記中，值得一提的政績一筆也沒有。就司馬氏而言，也許將阮籍這樣的名士納入體制，已具有相當大的象徵意味，對他不會有太多要求。不過，阮籍的從政態度，也實在十分奇特。

司馬師死後，其弟司馬昭繼為大將軍。

有一天，阮籍若無其事地表示：「籍曾到過東平，那兒真是個好地方！」司馬昭聞知，大為高興，以為他總算想做出一番作為了，便立刻任命他為東平相。阮籍騎驢到了東平，先拆掉府衙前面的屏障，使裡外可以互相看見，而後簡化法令。過了十幾天，他便回國都洛陽了。之後，司馬昭任命阮籍為從事中郎。

有一天，某官員來報告一件殺母案。

阮籍說：「唉！殺父還可，怎麼可以殺母呢？」

聽了這麼放肆的言詞，同僚無不大驚失色。

司馬昭得知，更是大怒：「殺父乃天下大罪，你胡言亂語的說些什麼？」

「不！禽獸知有母，而不知有父。所以，殺父猶如禽獸，殺母則禽獸不如！」

眾人對他沈著的回答，無不點頭稱是。

有一次，步兵校尉出缺，他自請擔任這項職務。因為他聽說，步兵府裡的廚子善於釀酒，府中藏有美酒三百石。結果，他一到任，便招喚同列——「竹林七賢」中的好友劉伶，前來醉飲其中。阮籍任官的態度是這種調子，因而他的職位一再更換。不過，他仍然時常出入司馬昭的大將軍府，宮中宴會也從未缺席。

公元二五八年，皇帝曹髦賜司馬昭九錫。這是禪讓的前段手續，並非曹髦本意，而是由受司馬昭指示的朝臣所提議。結果，司馬昭九次辭卻，這一年，這個提議終於作罷。然而，這終究是個人人皆知，包藏野心的偽裝罷了。

在這齣鬧劇中，發生了許多插曲，其中有「勸進牌」一幕。這是文武重臣齊赴將軍府奉呈勸請司馬昭受九錫的文書。司空鄭沖要阮籍起草這篇文稿。

誰知整日醉醺醺的阮籍把這件事忘得一乾二淨。結果，約定日子一到，使者來取文稿，他欲醉倒桌前。被推醒後，雖宿醉猶在，卻即刻為文，也沒細想，便要使者督寫文稿。那真是名文，人稱神筆。標題為「為鄭沖勸晉王牌」，收錄於《文選》。

不論是否有意願，總是不動聲色——阮籍以這種模稜兩可的態度融入司馬氏體制，終避開了違逆司馬氏會遭遇的危險。這就是阮籍作為「方內之士」的生存之道。

冷眼待人接物，稱作「白眼」。這個典故就起自阮籍。阮籍能作青白眼：偽君子來訪，他白眼以對；反之，意氣相投的朋友到來，他青眼待之。這種差別待遇，常使偽君子惱羞成怒。

不過，儘管有這麼不留情面的言行舉止，阮籍終能平安無事。理由是，他從不說人是非，也從不批評世事。

嵇康在給友人的信中，曾提到：「阮籍從不論人是非。這一點是我一直想學，卻學不到的地方。」司馬昭也說：「若論天下第一慎重人物，非阮籍莫屬。與他交談，內容盡是深遠哲理。至於時事、他人是非，未曾提過。」

7 趙匡胤撒酒瘋，釋兵權

公元九五九年十一月，趙匡胤以鎮州、定州的名義謊報軍情，說割據山西的北漢聯合契丹人，向後周發動進攻。宰相范質、王溥等昏庸無能，不辨真假，立命趙匡胤率大軍前去阻擋。十一月初三，趙匡胤率軍出發，當晚到達離開封東北四里的陳橋驛。此時，發生了「陳橋兵變，黃袍加身」的歷史事件。

當天晚上，趙匡胤的親信趙普和弟弟趙光義在軍隊中散布輿論說：「當今皇上年幼，不明世態人情，即便將士們拼死征戰，回去後也難以領功受賞。如果能擁立趙匡胤為皇帝，再去打仗，情況就不一樣了，立功的將士一定會得到高官厚祿。」軍中本來就有很多趙匡胤的親信，這麼一煽動，絕大部分人都同意了。於是，趙普和趙光義嚴令將領，管束軍士，兵變後不得搶掠燒殺，要絕對保證「興王易姓」順利進行。

這天晚上，趙匡胤假裝不知，喝得大醉，沈沈睡去。第二天早上，他慢騰騰地爬將來起，趙普和趙光義把早已準備好的黃袍「強行」披到他身上。趙匡胤假意推辭，責怪，趙普就率百官跪拜懇求。趙匡胤據說是不好拂逆眾意，才勉強答應下來。

這也真是報應不爽。先前，郭威以禁軍兵變，奪取了後漢的政權。事隔八、九年，郭威的部下趙匡胤竟以其人之道，還治其人之身，以禁軍兵變，奪了後周孤兒寡母的皇位。

趙匡胤行事頗為明智。前代「興王易姓」，將士們趁機搶掠，弄得新王聲名狼藉。他很善於接受前代的教訓，在率軍回開封時，勒馬對眾將說：「你們因為貪圖富貴而擁立我，就必須服從我的命令。否則，這個皇帝，我不能當！」眾將一心要領功受賞，好不容易找了個當擁王功臣的機會，怎肯錯過，都答應了他的要求。趙匡胤當即頒下嚴令：一、不得搶掠百姓；二、對太后和小皇帝「不得驚犯」；三、對後周的公卿「不得侵凌」；四、對「朝市府庫，不得侵掠」。

回京前，趙匡胤先派人同守衛京城開封的禁軍將領石守信、王審琦聯繫。這二人也巴不得立功，趙匡胤一到，便立即開門迎接。個別將領想反抗，即被殺死。宰相范質等人無奈，只得幫助趙匡胤舉行了禪讓儀式。因趙匡胤任後周歸德軍節度使的駐所在宋州，就以「宋」為國號。這就是中國歷史上宋朝的開始。

趙匡胤很會收攬人心。他既兵不血刃地占了開封，就對前朝重臣大加籠絡。他把原後周皇帝改為鄭王，對宰相范質等人給以優厚的賞賜，並讓他們保有原職。這樣，京城很快安定下來。外藩中也多所歸附。至於個別反對的藩鎮節度使，也因不得人心，很快平服。至此，趙匡胤遂坐穩了北宋的龍廷。

接下來的問題是統一全國。

一天夜裡，趙匡胤因苦思統一全國的策略而失眠，乾脆出門，會同他的弟弟趙光義，兩人一起去找趙普，想聽聽他的意見。趙普聞報，急忙出迎，見二人立在雪中，十分驚訝。

趙普問道：「夜深大雪，皇上為何還來找我？」

趙匡胤回道：「現在一榻之外，盡是他人地盤，朕如何能夠安眠？」

趙普說：「陛下現在還是小天下，南征北戰，統一中國，已時機成熟了。不知陛下打算怎麼做？」

趙匡胤顯出猶豫不定的樣子：「朕想先收復太原。」

趙普沈默片刻，奏道：「這不是我所預料的。」

趙匡胤忙問他所料為何。趙普答稱：「太原地處南北，如果占為己有，那麼，遼朝南下之患就要由宋獨擋了。如果暫留太原作北方屏障，等平定南方諸戰之後，太原不攻自破。」

趙匡胤一想，長吁了一口氣，說：「朕早有此意，只是未敢輕決，此來專為聽聽你的意見啊！」

於是，「先南後北」的方針就此定下。

然而，眼下不能馬上出征，因為還有一個重大的後顧之憂尚未解決，就是禁軍的指揮權問題。趙匡胤藉政變上臺，深知禁軍的重要。他本就善於總結歷史經驗，更何況他已親身經歷過兩次禁軍兵變呢！

公元九六一年，在撲滅了揚州李重進的叛亂之後，他就以自己曾經擔任過殿前都點檢這一職務為由，說是出於避諱，解除了慕容延釗的這一職務。從此，禁軍中這一最高職務消失了。但他仍不放心，覺得禁軍中的高級將領如石守信、王審琦、高懷德等人雖然曾經擁立過自己，卻還談不上是自己的心腹，況且他們在軍中日久，根基益深，自己如果出征在外，實在放心不下。於是，他想出了一條解除他們兵權的計策。

就在這一年七月，趙匡胤專門設宴，把石守信等人招來一起飲酒。酒會之上，趙匡胤特意勸大家開懷暢飲。待酒酣耳熱之際，他忽然屏退左右，裝出一副深有感慨又推心置腹的樣子，長歎一聲，說：「我若不是靠你們出力，哪能當上皇帝？但你們不知道，當皇帝也真是太難了，倒不如當個節度使痛快些。我啊，晚上就從來沒有睡過安穩覺！」

石守信等人一聽，惶惑不解，連問為什麼。

趙匡胤說：「這還不明白嗎？我這皇帝的位子誰不想坐？」

石守信等人聽了，知道趙匡胤話中有話，明擺著是懷疑他們這些將領有謀權篡位之心，慌忙跪下，說：「陛下怎麼這麼說呢？現在天命已定，誰還敢有異心？」

趙匡胤慢悠悠地說：「是啊，你們是沒有異心，但怎麼知道你們手下的人不貪圖富貴呢？一旦有人把黃袍加在你們身上，你們就是不想當皇帝，也推脫不掉啊！」

石守信等人一聽，真是嚇得汗流浹背，磕頭不迭，哭道：「我們這些人愚昧得很，沒有想到這個問題。請求陛下開恩，給我們指示一條生路！」

趙匡胤見火候已到，就緩和了一下緊張的氣氛，真心勸道：「人生好比白駒過隙，飛逝而過，所好者無非就是富貴，多積錢財，遺福子孫。你們何不釋去兵權，到地方為官，再多買些良田美宅，多置些歌伎舞女，日夜宴飲，以終天年。我再與你們結成兒女親家。這樣，君臣相安，兩無猜忌，該是多好的事啊！」

這番話，說得石守信等人茅塞頓開，撥雲見日，馬上謝恩：「陛下替我們想得真是太周到了，真是生死大恩啊！」

石守信、高懷德、王審琦、張令擇、趙彥輝等人見趙匡胤已把話說得如此明白，決無迴旋的餘地，且趙匡胤當時在禁軍中的地位還不可動搖，只好在第二天上表稱病，乞求解除兵權。趙匡胤大喜，當即批准他們的請求。

就這樣，宋太祖靠撒酒瘋剝奪了那些實權將領的兵權。

8 用間：從敵人內部攻破其堡壘

公元前三一五年，齊宣王乘燕國內亂，舉兵伐燕國都城，殺掉了燕王。齊軍在燕地燒殺搶掠，激起燕人的反抗，擁立太子平為王，聯絡各國，力圖恢復。在燕國軍民的打擊下，齊軍被迫撤出燕國。可燕國已被摧殘得瘡痍滿目，殘破不堪。

為了報父死國破之仇，燕太子平（即燕昭王）築黃金臺廣招賢才，收攬了樂毅為其將兵。這期間，齊宣王死，湣王即位，齊國勢力如日中天，西卻強秦，南吞宋國，一度自稱「東帝」。湣王仰仗國勢之強，驕橫自恣，對內任意殺戮臣民，橫徵暴斂，對外窮兵黷武，到處擴張，弄得內外關係十分緊張。

燕昭王乘此機會，用樂毅之謀，聯合趙、秦、魏、韓、楚五國伐齊。公元前二八四年，樂毅率燕國精銳並五國聯軍，一口氣攻下齊國首都臨淄，並連下齊城七十餘座。齊湣王流亡在外，被楚軍殺掉。齊國眼看就要亡了，只存莒和即墨兩城。

正在齊國千鈞一髮的存亡關國，一位將才脫穎而出，成為時局轉折的中堅人物。這個人就是田單。田單是齊國臨淄人，出自王族的旁支，曾在臨淄做過市掾等小官，一向默默無聞。燕軍攻占臨淄，田單退往安平。他預先叫族人把車軸伸出的部分鋸掉，在軸頭上包以鐵皮。安平被攻陷，城中人爭相逃命，因路窄車多，很多車因長出來的軸而碰撞軸折，為燕人所獲，唯有田單一族，因車軸短且包以鐵皮，得以順利逃到即墨。

在燕軍攻占臨淄時，莒城已為楚軍占領。幸齊臣王孫賈等尋機殺掉楚將，擁立齊湣王之子為王，是為齊襄王。襄王即位後遍告國中，號召抵抗燕軍。但真正堅持下來的只有即墨一城。即墨是齊國之大邑，城池堅固，財貨富足，便於固守。即墨軍民依托城池，頑強抵抗，在即墨大夫不幸戰死後，全民共推田單為將。從安平撤退，以鐵皮包軸的事件中，眾人看出他足智多謀，因而委以重任。

田單臨危受命，首先調整防禦部署，加修城池，廣蓄糧食，以為長久之計。繼而採取手段，激勵士氣。他把妻妾也編入守城隊伍中，以示以身作則，並散家財，犒賞作戰有功的將士。即墨人見此，愈發服氣，誠心擁戴。

樂毅見莒與即墨兩城久攻不下，遂改行長圍久困戰術，令圍城燕軍撤到距城九里外築壘，同時採取籠絡人心的攻心戰，以圖瓦解守軍軍心。

田單知道，樂毅為將，即墨再頑強，遲早會被攻破。所以，必須設法去掉這個對頭。正在這時，燕國有人向昭王進讒，說是樂毅遲遲不拿下兩城，是想趁機當齊王。

昭王不信，稱樂毅為燕國報了大仇，就是真當齊王，也未嘗不可。燕太子卻將信將疑。不久，昭王去世，太子即位，是為惠王。田單知道惠王不信任樂毅，於是派間諜入燕散布流言，重申從前樂毅欲為齊王的說法，並說齊人其實不怕樂毅，就怕燕國改派別人來統兵攻即墨云云。

燕惠王聽到這些流言，就召來他的親信騎劫商量。騎劫一向自恃勇武，早就嫉妒樂毅獨得大功，遂慫恿燕王以己代樂毅。於是，惠王下了決心，派騎劫去代樂毅主持伐齊軍事。樂毅自知受到懷疑，回國之後，輕則受貶，重則掉頭，遂隻身投奔趙國而去。田單巧施反間計，去了一個良將，換來一個志大才疏的草包，形勢徒然急轉直下。騎劫至齊，果然剛愎自用，盡改樂毅的布置，燕軍將士俱不服氣，上下皆有怨心。田單見狀，又連施計謀，以圖反攻。

一日，田單早晨起來，告訴城中人，他昨夜夢見上天相告：齊當復興，燕軍必敗，不日當有神人為齊軍師，此後戰無不克。隨後，他找了個小卒，說此人就是他夢中見到的「神師」，為之換上華美的衣冠，奉為上座，每事佯作請示，稟命而行。接著他又假傳神師之命，讓城中人每當吃飯時，要先祭祖於庭院，以求得祖宗保佑，打退燕軍。城中人依言而行。飛鳥見庭中祭品，紛紛飛下取食。城外燕軍見狀，不知就裡，以為怪異。但聞說城中有神師，傳為齊有天助，不可與敵，敵之違天，軍心遂致動搖。田單見假借神怪初步成功，遂使人揚言於燕軍，說：「從前樂毅太心慈手軟了，抓住了齊人也不殺，所以城中人不怕。倘若抓住俘虜就割掉鼻子，你看齊人還敢不敢抵抗！」

騎劫聞說，信以為真，以後再抓到齊人，就真的割掉鼻子再放回去。這下子，即墨人人心存慎重，再也不讓燕人抓到，萬不得已就拼死抵抗。

田單見民心可用，乃精選壯士五千，執長刀大斧，埋伏於城門之內。另派人到燕營，告訴騎劫，說城中食盡，將於某日請降。騎劫大喜過望，遂大擺酒席慶賀，以為不日將奏全功。席間，騎劫喝得醉醺醺，問諸將：「我比樂毅如何？」

諸將之中有阿諛的，馬上奉承道：「將軍比樂毅強多了。」

燕軍士兵聞說齊人欲降，從此可以罷戰回家，也十分高興，大家齊呼萬歲。

田單又使城中若干富戶，偷偷送金銀千鎰給燕將，囑以下城之日，千萬保護家小。這樣一來，燕營上下莫不相信即墨指日可下，一心在等齊人來降，竟全不為備。

田單見萬事俱備，遂盡搜城中，得牛千餘頭，製五彩文繡之衣披於牛身，將利刃束於牛角，又將麻葦灌上膏油，束於牛尾。在約降前一日，安排停當，眾人皆不解其意。田單殺牛煮酒，至黃昏時分，召集五千壯士飽餐一頓，以五色塗面，作猙獰狀，手執長刀闊斧，跟在牛群後面。半夜時分，田單令百姓拆開幾十處城牆，將牛隊趕出城外，在牛尾巴上點著火。浸著油的牛尾巴一著，牛頓時痛入骨髓，牛性大發，千頭大牛拖著火尾，衝向燕軍營壘，五千敢死隊銜枚隨之。

燕軍正在熟睡，忽聞馳騾之聲，從夢中驚起，但見火光沖天，一群群怪獸五顏六色，頭上生利角，瘋了般衝將過來，挨著的死，碰到的傷，全軍大亂。

那五千壯士，面目猙獰，狀若活鬼，不聲不響，只管掄刀砍斧，雖只五千人，但在亂軍中，好像無數鬼卒降臨。田單又令城中男女老弱一齊擊鼓鳴鑼吶喊，一時殺聲震天動地。燕人被嚇得驚破了膽，只恨爹媽少給生了兩條腳，個個逃竄，人人奔忙，自相踐踏，死 不計其數。那個喝得爛醉的草包將軍騎劫也稀裡糊塗地喪身於火牛陣中，燕軍大敗。

田單當下整頓兵馬，繼續進攻。聽到田單戰勝的消息，整個齊國轟動起來，田單軍打到哪裡，哪裡的齊國百姓就群起回應，那些已經降燕的齊國將士聞訊，也紛紛反正。田單軍越打越壯，幾個月功夫，被燕人占領的七十餘座城池就一一收復。

眾將見田單功大，欲奉之為王。田單說：「我是王家疏族，怎能為王？現在太子在莒城，應當去迎回來。」

於是，田單派人將齊襄王迎回國都臨淄，收葬齊湣王屍骨，擇日祭告祖廟。襄王封田單為安平君，食邑萬戶，拜齊相。

9 獻色：王允用美人計除董卓

公元一八九年，在鎮壓黃巾起義中卓有「戰功」的董卓率兵進入洛陽，廢掉漢少帝，立獻帝，獨攬朝中大權。董卓看出丁原是他專權的障礙，遂起殺機，收買了丁原的部將呂布，將丁原殺死。從此，董卓權傾朝野，為所欲為。

司徒王允表面上效忠董卓，暗地裡卻對他恨之入骨，時刻想除掉他。王允想到了「美人計」，策劃用自己的歌伎貂蟬離間董卓與呂布。

一日，董卓的義子，即大將呂布在府中宴請賓客。王允藉機派人參加，送去許多珍貴之物。呂布不知居司徒高位的王允為何要給自己一個小小的騎都尉送厚禮，於是決定親去王府，一是探明究竟，一是作為回拜。

呂布到了王府，受到熱情款待。王允笑稱：「您是名滿天下的英雄，我不過是略表敬意而已，區區薄禮，實在不值得將軍掛在心上。」呂布本是見利忘義之人，王允也正是投其所好，才選擇他作為除掉董卓的突破口。

聽到王允的稱讚，呂布心理十分舒暢，話語也多了。席間王允命貂蟬前來獻酒。

經過刻意修飾，本就容貌豔麗的貂蟬更是楚楚動人，在侍女攙扶下，由內室款款走出。呂布一見貂蟬，不由得兩眼發直，心中暗道：「真想不到天下竟有如此美女！」他看得愣住，直到王允和他說話，才發現自己失態，忙掩飾探問：「她是府中什麼人？」王允漫不經意地回答：「是小女貂蟬。」

隨後讓貂蟬為呂布敬酒。貂蟬為呂布斟滿了一杯酒，裝出一副羞澀的樣子，雙手獻給呂布。呂布連忙接過酒杯，偷看貂蟬。正巧貂蟬也在看他，兩人的目光碰到一起。王允見狀，心中暗喜，對貂蟬說：「你陪呂將軍多喝幾杯，讓將軍盡興。今後我們還要仰仗將軍呢！」然後讓貂蟬坐到呂布身邊。

席間二人眉來眼去，有王允在旁又不便開口說話，呂布顯得有些急躁。王允見時機已到，就藉故離開。王允一走，只剩呂布和貂蟬二人，呂布心中高興，對貂蟬問長問短，貂蟬都一一回答。這時王允回到席前，暗示貂蟬迴避。貂蟬心領神會，起身告辭，走向內室。

呂布按捺不住，問王允道：「小姐真是美麗無比！不知何人有此大福，能娶她做夫人？」

王允回道：「小女還不曾許配。我想高攀將軍，不知您意下如何？」說完觀察呂布的反應。

呂布一聽，大喜過望，急忙向王允參拜：「岳父大人在上，請受小婿一拜。」

王允扶起他：「將軍不必多禮。待選個良辰吉日，就將小女送過府成親。」

呂布再次拜謝了王允，才滿懷高興地告辭。

第二天散朝後，王允、董卓走在一起，王允邀董卓去府上喝酒做客，董卓很痛快地答應了。

隔了一天，董卓在侍衛簇擁下，來到王允的府邸，王允以隆重的禮節歡迎，然後擺上酒席，分賓主落座，邊飲酒邊交談，氣氛十分融洽。王允不斷奉承董卓功德無量，功高蓋世，聽得董卓心花怒放，連連點頭。

兩人越談越投機，酒興也越來越濃。這時，王允舉手向侍從示意。不一會，音樂聲徐徐響起，伴隨著樂曲，走出一隊歌女，個個長得國色天香，婀娜多姿。尤其是領隊的那位，更是容顏照人，美若天仙，看得董卓欲仙欲醉，忙問王允：「這位漂亮的歌女是誰啊？」王允回答：「是我新買來的歌女，名叫貂蟬。」董卓笑道：「不但人美，名字也悅耳。」

一曲終了，王允叫眾人退下，留住貂蟬給董卓敬酒。貂蟬手捧酒杯，緩步上前，向董卓敬酒。董卓滿臉堆問道：「今年多大了？」貂蟬微笑不語。王允在旁說：「今年已經16歲了。您若是喜歡，就帶回府去伺候您吧！」

董卓聽後心中暗喜，表面上卻假意推辭：「君子不奪人之美，我怎能這樣做呢？」王允回稱：「如果您不嫌棄，就請收下。這也是抬舉我哪！」董卓見王允確有誠意，就順水推舟道：「如果我再推辭，就辜負了你的一片好意了。那就恭敬不如從命囉！」說完大笑不止。

王允將貂蟬先許呂布，又許董卓，一箭雙鵰，然後又故意傳出消息，讓呂布知道此事。呂布果然中計，怒氣沖沖地找到王允，指責道：「您既然已將貂蟬許配於我，為何又送給董卓？」王允見狀，四周環顧。見沒有人，才壓低聲音道：「這裡不便細說，請將軍隨我回府。」說完將呂布拉住，一同回到王府。

一進府內，呂布立刻迫不及待地問道：「有人親眼看見貂蟬在太師府中，這難道是假的不成？」

王允見呂布怒火中燒，更不急於回答，給呂布讓坐後，又命人獻茶，然後才以一副無可奈何的架勢說：「前幾天太師來我府中飲酒，席間說想見見我的女兒。我不好拒絕，就讓小女出來給太師敬酒。誰知太師見後，十分喜愛，說府中缺人侍候，暫時讓她過去，待找到合適的人，再送她回來。太師的要求，我怎能違抗呢？」

呂布見王允說得合情合理，無可指責，只得告罪離去。

回府之後，呂布坐臥不安，夜不能寐。第二天一早就藉故來到太師府打探消息。

侍衛告訴他，太師新得美人，還未起床呢！呂布聽後心如刀割，但又不敢過於放肆，急得在大廳中團團轉。

過了些時候，董卓來到大廳，問呂布何事到來。呂布謊稱聽到義父得了美人，特來賀喜。董卓聽後，稱讚他很有孝心，並讓貂蟬出來相見。貂蟬見到呂布，裝出愁眉不展的樣子，趁董卓不備，用手指指自己的心口，又指向他。呂布領會她的示意，心中更加淒苦。董卓見已到上朝的時候，就和呂布同行。見過皇帝，董卓留在朝中處理政務，呂布趁機又到太師府找貂蟬。

二人相見，百感交集。到了僻靜處，貂蟬淚流滿面，似痛不欲生地說：「今天能見將軍一面，奴死也甘心了。本想侍奉將軍一生，看來今世是不可能了！」說完就要尋死。呂布急忙拉住她，流著淚說：「請放心，我一定將你救出來，否則誓不為人！」貂蟬一聽，撲向他：「將軍待我恩重如山，如能將我救出，回到將軍身邊，就再也沒人敢欺負我了。若不能實現，真就沒什麼希望了。」她越說越傷心，哭泣不止。

正在二人難捨難分之際，董卓突然從外面進來。見到他們情意綿綿的樣子，氣得大喝一聲，直奔過來。呂布見勢不妙，扔下貂蟬，向外逃走。

董卓站在府門前望著逃去的呂布，氣得怒目橫對。這時，謀士李儒來到門前，看到他怒氣沖沖的樣子，就問發生了什麼事。董卓一言不發，回身進府，來到書房。李儒隨後跟進，站立一旁。董卓這才對他說明發怒的原因，揚言非殺了呂布不可。

李儒聽完，笑著勸道：「太師怎能為這點小事殺人？貂蟬不過是個歌女，呂布可是朝中猛將啊！不可因小失大。我看不如來個順水推舟。這樣可使呂布感激您，一生都為您效勞。」

這時，董卓的氣已經消了一半，覺得李儒的話確實有些道理，就來到貂蟬的臥室，想問清緣由。

董卓見貂蟬仍在哭泣，就先勸慰了一番，然後說：「既然呂布對你有意，我就成全你們吧！」剛剛止住哭聲的貂蟬一聽這話，又哭了起來，說她並無意於呂布，是他強行無禮，她確是誠心誠意伺候太師。如果真要將她送給呂布，寧可一死以報太師之恩。董卓聽了她的一番哭訴，以為自己所見到的並不是二人的私情，氣也全消了，又見貂蟬對自己如此忠心，很是高興，向她保證，以後再也沒人敢欺負她。貂蟬一聽，破涕為笑。

董卓對李儒的話並沒有完全聽進去，他還是不能忍受已到手的美人成為他人的懷中物。如果他此時不為女色所惑，毅然決然地把貂蟬賜與呂布，哪會有後來的殺身之禍？貂蟬的幾滴眼淚就讓他把李儒的勸告拋到九霄雲外去了。

第二天，王允將呂布請到府中，若無其事地與他閒談。呂布滿臉愁容，心情沮喪。王允假裝不知，問他因何事悶悶不樂。呂布就將昨天在太師府中發生的一幕詳細地告訴王允。

王允聽後，故作氣憤地說：「想不到董卓已經荒淫霸道到如此地步，連自家兒子的妻子都要強娶。這不但使我無臉見人，也是將軍的恥辱啊！」

呂布憤恨地說：「我真想殺了他，可又怕人議論！我們終究有父子之名啊！」王允點頭：「將軍說得有理。看來，我們只好任人欺辱了。」這話聽起來是贊同呂布，實際上則起到火上澆油的作用。他十分清楚呂布的為人。呂布不但不講情義，素來以天下無敵自居，不將別人放在眼裡，心胸狹窄，性格暴躁，這奪妻之恨怎能忍得下？

不出所料，王允的話音剛落，呂布就拍案而起，手握劍柄，滿臉殺氣，咬牙恨聲道：「我一定殺那廝他，報奪妻之仇！」王允見呂布決心已下，又燒了一把火：「將軍如果殺了董卓，不但報了仇，重要的是為國家除去一害，可以名留千古啊！」呂布伏地而拜，表示願意聽從王允調遣。

等待數日，行動的機會終於來了。皇帝大病初癒，準備臨朝召見文武官員，眾臣奉命進朝拜見。

董卓由太師府乘車往未央宮，隨身侍衛前呼後擁，道路兩旁兵士林立。自從專權以來，他誅殺異己，暴虐百姓，知道樹敵太多，為防暗算，每次出門外行，都內穿護身甲衣，以防不測。今天雖然有重兵護衛，仍然格外小心。

董卓的馬車行至中途，王允的心腹李肅向眾人發出行動的暗號，緊接著飛步上前，拔出佩劍，向董卓刺去。卻不料堅實的甲衣擋住了利劍，董卓由車上迅速站起，將李肅擊倒在地。這時另一人持刀上前，向董卓砍去。董卓閃身躲過。

情況危機，董卓大叫呂布護駕。呂布大聲說道：「聖上有旨，誅殺賊臣董卓！」語音未落，手中長戟已刺進董卓的咽喉。李肅上前，一刀割下董卓的頭。

10 朱元璋借刀殺人，翦滅郭天敘

明太祖朱元璋，字國瑞。「先世家沛，徙句容，再徙泗州。父世珍，始徙濠州之鍾離。」（《明史・本紀第一》）

無巧不巧，朱元璋同漢高祖劉邦，兩個中國史上平民出身的皇帝，籍貫竟都是沛縣。只是，到了朱元璋的父親朱世珍這一代，才遷徙到濠州鍾離。

朱元璋年17，父母兄長相繼在饑疫中死去，只好投入皇覺寺，謀得一飽。後來他到處流浪。直到25歲，定遠人（今安徽省定遠縣）郭子興在濠州起兵，他投入郭部。他先為親兵，後為十夫長。升為鎮撫後，逐漸顯露出不同於眾人的權謀和才幹。

他為了脫離郭子興，自成一家，與親信徐達、費聚、湯和等人定計，交還了手下的七百餘人，只帶領24人南下定遠，開始了經營自家天下的戰鬥。元順帝至正十三年春（一三五三年），朱元璋智取驢牌寨。這是他發家伊始的第一次勝利。

定遠城附近的張家堡，在元末大亂中，有結寨自保的民兵三千多人，號驢牌寨。朱元璋要攻取定遠，首先得擴大人馬，就把主意打在驢牌寨上。

他先派費聚去探察寨內情況，得知寨內缺糧，就打著郭子興的旗號，親自入寨招降，以答應供給糧食為條件。返回後即懸旗招兵，得到三百人，將勇士壯者裝入麻袋，偽充糧食，裝在小車上入寨送糧。

驢牌寨寨主聞信大喜，帶人馬出來迎糧。朱軍兵士趁機破囊而出，擒住寨主，搶占營壘，很順利地收附了驢牌寨三千民兵。

朱元璋隨後又夜襲橫澗山繆大亨部，降服了民間義勇軍兩萬多人；就便攻下滁州（今安徽省滁州市），聲威大震。

定遠人馮國用、李善長向朱元璋獻議，南下奪取金陵，以成就王霸之業。朱元璋便棄皖北定遠等處不攻，南下占領和州（今安徽省和縣，位於長江北岸，歷來為攻取江南的駐兵之處）。

郭子興在義軍內部的傾軋中憂憤死去，朱元璋便開始籌劃兼併整個郭部。

朱元璋首先渡江攻占了太平（今安徽省當塗縣），為進攻金陵（今江蘇省南京市，元時為集慶路）打下基礎。然後派降將陳野先去攻取金陵。

智將馮國用進諫，說陳野先靠不住。這人是在歹平一戰中被俘，不得不降，現在放他帶領原班人馬去攻金陵，恐怕是放虎歸山，有去無回。朱元璋先是沈默不語，見馮國用堅持諫阻，他才說：「人各有志。從元從我，聽他自便罷了。」

馮國用是朱元璋的親信大將，朱元璋也未對他說明心事。朱元璋的馭人權術，當真古今罕有其匹。從陳野先被俘後的頑固，以及後來再三勸說下才勉強投降，朱元璋不會看不出陳野先心懷二意。他正是看出了這一點，才別有用意地加以利用，又特意派陳野先去招降舊部，而且並不將這支部隊拆開分編，仍使其自己統轄。陳野先主動請求進攻金陵，他也欣然派其前往。

果然不出馮國用所料，陳野先去了不幾日，便派人送回一份公文，報稱：金陵右環大江，左枕崇岡，不易攻取。建議先南下攻取溧陽，向東奪取鎮江。並說這是斷敵糧道，使金陵可以不戰而下的最佳方案。

明眼人一看就知道這是陳野先的緩兵之計，他不願為朱元璋攻打金陵。朱元璋看到書信，一笑置之，並不採取其它措施，只讓李善長寫了一封覆書，向陳野先指出，長江天塹不足成為奪取金陵的障礙，因現在朱軍占據了上游，已扼其咽喉。陳野先不過是捨全勝之策，而為迂迴之計。

這封信實際上是向陳野先點明，他的反意已經被看出來，促其必反。

待一切布置就緒，朱元璋立刻派遣張天佑到滁州去邀郭天敘攻打金陵。

在此之前，朱元璋表面上仍是郭子興起義軍中的一部。郭子興死後，由其子郭天敘繼任都元帥，朱元璋與張天佑為副元帥。

郭天敘見朱元璋叫他去攻金陵，一開始很不滿意，懷疑朱元璋企圖不良。張天佑卻看出此去利益很大，因已有陳野先的人在金陵城外，兩面出擊，攻下金陵，即可南面稱帝，北圖中原。

郭天敘受到誘惑，立刻出兵。他和張天佑都沒有深作考慮，金陵是歷代帝王之都，朱元璋自己不攻，卻在占據太平等金陵的門戶之後，把這一好處拱手讓給他們，到底用意何在？

郭天敘和張天佑率軍東下，駛抵秦淮河，同元南臺御史大夫（御史臺在中書省南，故稱南臺。御史大夫掌糾察百官善惡，朝政得失，從一品）福壽遭遇，即被擊敗。潰退中遇到陳野先的人馬，郭天敘還以為是來了援軍，喜出望外。可等到催馬走近，卻被陳野先一槍殺死。張天佑也被福壽的追兵趕上，與陳野先合兵夾擊，當即陣亡。郭天敘的部下被殺戮殆盡，餘眾逃回太平，向朱元璋泣訴戰敗經過。

「郭天敘、張天佑攻集慶，野先叛，二人皆戰死，於是子興部盡歸太祖矣！」（《明史．本紀第一》）可以看到，朱元璋的陰謀實已深入骨髓，甚而可以令人不寒而慄。

他在占領太平、采石後，對金陵已造成進而可取的有利形勢，既可取而不取，拱手讓給他人。在俘虜陳野先後，知其心向大元，不願降而硬勸其降，然後又縱其招集舊部，放其前往金陵；又在書信中點明陳野先心懷二意，促其必反，最後以「金陵伸手可得」的大利讓給郭天敘，借陳野先之手殺之。

郭氏不亡，朱元璋不好稱王。這也是他金陵可取而暫時不取的另一個原因。讓郭天敘先取，他既得謙讓之美，又坐收兼併實利。郭天敘一死，他即可自取而獨立稱王了。

至正十六年三月癸未（一三五六年4月3日），朱元璋攻入金陵。七月，自稱吳國公。只稱公而「緩稱王」，這是朱元璋接受謀臣朱升建議的一計，以免過早暴露野心，變成眾矢之的，受到強大的攻擊。

11 張居正以友制友

張居正是明神宗時的政治改革家，自隆慶六年（一五七二年）六月，在朝輔助年幼的明神宗理政，躬身輔政，又銳意革新。他政治上革除宿弊，裁汰沈官，條理刑獄，選拔英才；經濟上清丈土地，行一條鞭法；又整肅邊防，任用良將，練兵籌防，設茶馬市，互通蒙漢，終於使明中葉以來的積弊在萬曆初年為之一改，出現了短暫的「海內肅淵，四夷賓服，太倉粟可支數年，府庫寺積金四百餘萬」的清平世界。

張居正得以成功革政，有他個人的突出才幹、皇族的信賴等多方面的原因，但主要因素在於他獨居朝廷魁首之位，大權獨攬，得以大刀闊斧地施展手腳。因為他來自湖北江陵，時人把他一人專斷朝綱的現象稱為「江陵秉政」。

張居正自幼聰明，2歲識字，5歲入學讀書，10歲通六經大義，12歲府試得中，成為名震一方的「神童」秀才。

13歲那年，張居正參加鄉試，考中即為舉人。儘管他本應中舉，但終未得中。這是因當時的湖廣巡撫顧璘從愛惜人才出發，特意囑咐王考官不予錄取，以免他少年得志、不知韜光斂跡，將來難當大任。

張居正舉業受挫，恍然醒悟，三年後再考中舉。踏入仕途後，他恪守中庸之道，進退得宜，「沈深有城府，莫能測也。」

有明一代，凡君主專權有為之際，幹練有為之將相多被翦除。唯張居正任首輔十數年，名、身雙保，得以善終。

總結自己宦海沈浮的經驗，張居正終生不忘那位當年將自己金榜除名的巡撫顧璘，曾作文自言：「感公之知，思以死報，中心藏之，未嘗敢忘。」足見，對首次舉業受挫所帶來的畢生受用不盡的教益，他確是感激涕零。

張居正由萬曆皇帝上臺之初的三個顧命大臣共同執政，變為一人獨攬權柄，得益於他成功的隔岸觀火謀略。

他青少年時期即有遠大的政治抱負，曾上《論時政疏》，指陳朝政上宗室驕恣、吏治因循、邊備廢弛、財用大虧等弊端，要求興利革弊。當時因為嚴嵩專權，他鬱鬱不得志。挨到嚴嵩失勢，除階擔任內閣首輔，他開始被重用。到了穆宗隆慶初年，他連年晉升，晉遷禮部尚書，兼武英殿大學士。隆慶二年（一五六八年），加少保兼太子太保。

徐階致仕回鄉，推薦富有城府，能擔大任的張居正進內閣。由此，張居正始得操政。到隆慶六年（一五七二年），一月，他由太子太傅再遷少師兼太子太師。六年五月，穆宗中風病逝，臨終前遺命高拱、張居正、高儀三人輔助皇朝。六月初十，明神宗皇位，年方10歲。

三個顧命大臣中，大學士高拱在穆宗之世即專權用事，居三顧命之首。高儀體弱，疾病纏身，穆宗死後，沒多少天也一命嗚呼。這樣，只留下高拱、張居正兩顧命居朝理事。但是，就在六月十六日，高拱突然被罷去官銜職位，勒令即日離京，回原籍居住。張居正取而代之，成為內閣首輔。

12 賈南風以敵制敵

晉武帝司馬炎在天下一統之後，很擔心身後江山的問題。主要原因是，可繼承王位的兒子司馬衷是個白癡。比如說，有一次，大臣彙報各地災荒，說是民眾極端饑困，沒有穀糧吃，許多人餓著肚子。這位傻瓜竟然問道：「沒有糧吃，為什麼不吃肉？肉不比穀糧好吃嗎？」

有一天夜裡，司馬衷在後院花園遊玩，聽到外面的青蛙叫，非常感興趣地問道：「這青蛙叫，為公，還是為私？」左右近侍倒也聰明，答道：「在公家的即為公叫，在私家的即為私叫。」

司馬衷將納妃時，武帝擔心太子年幼，不懂男女之事，就選派聰明美麗、溫柔善良的後宮才人謝玖前往「侍寢」，教習。這件事，這位白癡倒不含糊，很快就讓謝玖懷了孕，並生下兒子司馬遹，而且沒有乃父的遺傳。司馬遹自小聰明異常，非常為祖父司馬炎所喜愛。

一次，宮中失火，司馬炎登高觀望。年僅5歲的司馬遹竟然拉著他躲到房中，說：「救火倉促之間，秩序混亂，皇祖不可暴露，以防不測。」

這也是武帝願意立司馬衷為太子，繼位大統的原因之一。雖然兒子智商差，但孫子很聰明，司馬氏的江山還是沒有問題。

武帝最大的錯誤是選立賈充之女賈南風為太子妃。賈南風不僅貌醜心毒，而且家教極差。其母郭槐極度嫉妒，對丈夫身邊的任何女人都施以毒殺。乳母抱著其子玩耍，賈充與兒子逗樂。郭槐一見，怒從心起，以為他與乳母有私情，就將乳母鞭笞致死。小兒煩躁不食，發病而死；次子也因乳母被害而死。這就是「郭女絕嗣」的故事。

郭槐的大女兒賈南風生得醜陋，二女兒賈午貌美如花，都是不安本分的女人。

賈午情竇初開，總是躲在屏風後面觀看來家的賓客。見韓壽風流瀟灑，年輕有才，容貌秀麗，她一見鍾情，害起相思病，遂透過侍婢到韓家，說明情意，二人鴻雁傳情。後來忍耐不住，賈午要韓壽夜晚越牆而入，夜夜偷歡。

女兒每日容光煥發，使得父親好生奇怪，但不知所以。直到晉武帝給的高級香水在韓壽身上四處散發，才引起他的密切關注。當時武帝賞給賈充一些西域進貢的高級香水，一搽上身，芬香之氣經日不退。武帝非常珍愛，僅賜給一些非常寵愛的大臣。韓壽這樣一招搖，賈充恍然大悟，只好移花就木，把女兒嫁了過去。這就是「偷香竊玉」的故事。

司馬炎為了在自己死後，江山能順利過渡，避免司馬衷的權力受到威脅，就將權力分攤諸臣諸將共同把持：朝政由自己的皇后之父楊駿執掌，同時把司馬衷的同胞兄弟司馬柬、司馬瑋、司馬允分別封在形勢要地，擁兵隨時捍衛皇室；用寵臣王佑執掌禁軍，以平衡楊氏勢力；並為司馬遹挑選德高望重的輔佐大臣。但是，他所安排的這些分權制衡的策略，全被一個更大的陰謀家賈南風給破壞了。

賈氏所用計策也是分權制衡，各個擊破。事實上，這些人都是她的政敵。

賈后消滅楊氏家族，是利用大司馬、汝南王司馬亮和楚王司馬瑋對政權的覬覦之心。等倒楊運動告一段落，她徵調司馬亮為太宰，與楚王司馬瑋、東安公司馬繇及從舅郭彰分掌朝政。但汝南王與楚王都有野心，各結朋黨，互相爭鬥。於是賈南風決定首先由這兩人下手。

公元二九一年六月，賈南風以謀反之罪，指使楚王帶兵誅殺汝南王及朝廷重臣衛瓘。兩人被殺後，又以宗族專殺之罪，處死司馬瑋。這一箭雙鵰之計成功，她終於完全壟斷朝政。

第5章 知進退之道，就是成功之道

老子學說，純是取法於水。《道德經》中，言水者不一而足。如曰：「上善若水，水善利萬物而不爭，處眾人之所惡，故幾於道。」又曰：「江海所以能為百谷王者，以其善下之，故能為百谷王。」水之變化，循力學公例而行。老子深有契於水，故其學說，以力學公例繩之，無不一一吻合。唯其然也，宇宙事事物物遂逃不出老子學說的範圍。

1 劉仁軌退身懲治李敬玄

社會中，有一類人專伺他人過錯，動輒加以貶抑，而本人又缺乏真本事。尤其是有些實務性的工作，不是內行的人，不知其中甘苦，再進行瞎指揮，更令人討厭。對待這類人，只有一個辦法，那就是請他也來幹一下，不要讓他總持批判權。唐代劉仁軌就是採用這個策略懲治李敬玄。

劉仁軌「少貧賤好學。值亂，不能安業。每動止，畫地書空，寓所習，卒以通博聞。」由於他掌握了豐富的軍事知識，隋末大動亂中飽經戰陣，武德初年便嶄露頭角。其後曾受到唐太宗的器重，至高宗朝，終成長為一位赫赫有名的大將。

高宗顯慶六年（六六五年），百濟發生叛亂。

百濟地處朝鮮半島南部，傳說是朱蒙子溫祚創立，約於公元一世紀興起於漢江流域，建都於漢江南岸慰禮城，後漸發展一強國，與高句麗、新羅鼎足而立。

此前一年，新羅向唐朝求救，蘇定方率兵攻百濟。蘇定方從成山（今山東半島東端）渡海，百濟投降。蘇定方率兵還朝，劉仁願鎮守百濟府城，以左衛中郎將王文度為熊津都督，撫其餘眾。王文度渡海而卒，百濟復叛唐，引兵包圍府城。

在這種情況下，朝廷起用劉仁軌「將王文度之眾，便道發新羅兵以救仁願。」這為劉仁軌大顯身手提供了機會。他帶兵有方，指揮得當，不但很快扭轉危局，平定百濟，並為唐朝大軍與高句麗的作戰創造了許多方便。其後又打敗日本援軍，並鎮守百濟。由於兩度戰爭，百濟境內一片荒涼，屍骨臥野，荊棘叢生。劉仁軌招集流亡，恢復生產，很快穩定了政局。

劉仁願回朝，皇帝問他奏請中為何很有文采。劉仁願說出自劉仁軌之手。「帝歎賞之，超進仁軌六階，直拜帶方州節度史。」

其後，劉仁軌屢有建樹，是朝廷所倚重的重要邊將。

儀鳳二年（677年）八月，劉仁軌奉命鎮洮河軍。此地正處於唐朝與吐蕃轄境的交界處，是防禦吐蕃進攻或討伐之的軍事要地。朝廷派劉仁軌去鎮守此地，實有倚其為長城之意。

劉仁軌到洮河軍後，每次奏請，多數為中書令李敬玄所阻抑，心中怨恨。他對李敬玄很瞭解，知道他不是將帥之才。但見李對自己的意見毫不尊重，多加干涉，便上奏書，說西邊鎮守實屬要務，必須重臣方可，非李敬玄難勝此任，推薦李敬玄代替自己。高宗不知其中隱情，見劉仁軌薦賢，心中大悅，馬上批准，命李敬玄往代仁軌。

這樣，就把李敬玄推向險地。李敬玄是亳州（今安徽亳縣）人，「博覽群籍，尤善於禮。」此人只通文墨，不明軍兵之事。他也很有自知之明，自言非將帥之才，一再向高宗報辭，並說劉仁軌與自己不睦，故強其不能。

高宗聽後，非常生氣，臉色陰沈地說：「劉仁軌如果要求朕親往，朕也只好一行。卿何故屢次要辭？」李敬玄無奈，只好硬著頭皮接受職務，當上洮河道大總管，帶領副手大將軍劉審禮等人統兵十八萬，前去換回劉仁軌。

李敬玄本不知兵，膽子又小。劉審禮是個莽將，也無謀略。劉審禮孤軍深入，李敬玄沿途逗留，前後相距甚遠。劉審禮被吐蕃大軍包圍，苦戰不出，受傷被俘。李敬玄聽說劉審禮兵敗，全沒了主意，慌忙退走，奔至承風嶺，敵軍已蜂擁而至。幸虧承風嶺下有大溝，李敬玄忙命部下阻溝自固。吐蕃兵駐紮對面，形勢萬分危急。他的偏將黑齒常之率五百敢死軍襲敵營，李敬玄方引兵退回鄯州。其後又戰湽川，大敗。只好以有病為藉口，求罷歸。回朝之後，高宗察覺他並沒有病，將其貶為衍州刺史，不久遷揚州長史。卒於官。

其實，劉仁軌、李敬玄皆非邪惡之人。李敬玄本人不知兵，何必多干預軍事，又何必與劉仁軌過不去？劉仁軌身為朝廷大將，守洮河時已76歲，不甘於受李敬玄之阻抑，舉其自代，以身退懲戒了光能說不能做的李敬玄。

2 正話反說，話中有話

公元一一二七年，粘罕率領金兵，不費吹灰之力就攻下汴京，並擄走徽宗、欽宗和宋室親王、后妃、百工匠人、內侍、僧道、婦女、醫卜等，充當奴隸，又搶劫宮廷內的儀仗、天下州圖、文籍、天文儀器、樂器及各種珍寶。維持了一六八年的北宋王朝終於斷送在徽宗等一批昏庸之人手中。

同年3月，康王趙構在南京（商丘）應天府稱帝，是為宋高宗，此後的宋朝稱為南宋。

南宋王朝所採取的政策與北宋沒有兩樣，仍然是對金妥協，對百姓殘酷鎮壓。趙構剛上臺，看到人心不定，不得不做出點「抗金」的姿態，起用抗戰派聲望最高的李綱做宰相。但實際上，他最信任的是黃潛善和汪伯彥。他起用原來的副元帥黃潛善為中書侍郎、汪伯彥同知樞密院事，執掌兵權。後又提黃潛善為右相，與李綱並列。

李綱上任後，提出了十餘條抗金救國的建議，反和主戰，並力主任用賢才，以收復被金兵攻陷的失地。

當時有個叫張所的將領，很有才幹。在他擔任監察御史時，看到黃潛善等人朋比為奸，禍國殃民，便上疏彈劾黃潛善等人，卻反被黃潛善利用職權，貶到了江州。

北宋滅亡後，河東、河北地區的百姓自動組織抗金武裝，英勇殺敵。張所英勇善戰，在兩河百姓中素有聲望。因此，李綱想起用張所，讓他擔任河北安撫使，招募義兵，繼續抗金。可張所彈劾過當朝宰相黃潛善，是黃潛善的死對頭，起用張所，必然會受到黃潛善的阻撓，難以實現。李綱為此事反覆籌劃了很久，終於想出一個主意。

有一天，李綱碰見黃潛善，和他寒暄了幾句，便閒扯起來。談了一會兒，話題漸漸轉到時局。李綱說：「今朝廷正處於艱苦危難之時，收復失地，光復我大宋是我們大家共同的職責。現在正是國家用人之際，朝野四方雖然有許多賢才，但他們尚未出來效忠朝廷，可用之人十分缺乏。近日朝廷準備設置河北宣撫司，我思來想去，認為應讓張所前去。張所這個人不曉事理，出口狂妄，冒犯了大人，貶到江州，是再合適不過的。他這人，讓他身處要職，擔任監察御史，當然不行。現在讓他去擔任河北招撫使，招撫流民，嘗嘗這項差事的艱苦，以此贖清以前的罪責，應該頗為妥當……」

黃潛善聽了李綱這一番話，心理非常開心，連忙回答：「李大人真是妙計！讓他去吃點苦頭，戴罪立功，確是一件好事。」於是，他當即答應了李綱的建議。

張所上任後，廣招義軍。江州地區的百姓踴躍回應，岳飛等紛紛投效，抗金隊伍不斷壯大。此後，張所率領著抗金隊伍，多次打敗金軍。

李綱深知黃潛善心胸狹窄，如果直接向他推薦張所，他必定反對，因而採取了「示假隱真」的策略，表面上似乎是替黃潛善說話，懲罰他的死對頭，而把真實的意圖，即讓張所有用武之地，統兵抗金，收復失地，巧妙地隱藏起來，乘黃潛善還沒有反應過來，便輕而易舉地達到了目的。

由於場合因素和人際關係等原因，對於某方的評判或反對意見，有時坦言辯駁並不合適，不妨採用反語。

反語是一種正話反說、話中有話、綿裡藏針的攻心術，即用表面肯定而實際帶有反對、評判意思的話，含蓄地說服他人。

直言正諫容易觸怒人。特別是在封建社會，當勸諫的對象是封建帝王時，稍有不慎，就會惹來殺身之禍。所以，不少人便以「正話反說」作為攻心的一種手段。

但「正話反說」畢竟正一種諷刺性的表達方式，使用時要特別注意語意的輕重和火候。既不能過分隱晦，令聽的人不能順利領會話中之「話」，也不能火藥味太濃，傷及對方的自尊，引起反感，反致弄巧成拙。

3 雍正引蛇出洞

清朝雍正帝是一個只相信自己，不相信任何人的帝王。

有一年元旦，狀元王雲錦退朝，回到家中，與幾位朋友相約，玩起一種叫作「葉子戲」的遊戲。大夥兒興高采烈，玩得十分痛快。玩了幾局之後，忽然失去了一葉牌。眾人都起身尋找，桌上桌下，幾乎找遍了房內，都沒有找到。大家都覺得奇怪。找不到牌，也就算了。

元旦過去，在朝堂上，雍正問王雲錦：「元旦那天，你用什麼方法開心。」王雲錦實情相告，說自己和幾個朋友玩了「葉子戲」。

雍正笑道：「好！你光明磊落，不花言巧語，了不起，是真狀元！朕今天賞你一件東西！」隨即遞過一個很精致的盒子。

王雲錦跪下謝恩，高呼萬歲，接過盒子。

「不要打開，回家再看吧！」雍正說。

王雲錦心懷疑慮，回到家中，急忙打開盒子。不看則已，一看嚇出了一身冷汗……盒子中放著一葉牌。拿出昨晚的牌一對，正是丟失的那葉牌。

「好險哪！多虧今天講了實話，否則腦袋恐怕要搬家了……」

雍正給王雲錦一葉牌，明確地告訴他，你們的一切行動都在我的監視之下。這件小事，還不能完全說明他的手段。他的特務無處不到，尤其是對那些封疆大吏。

按察使王士俊被派到河東做官，正要離開京城時，大學士張廷玉把一個很強壯的傭人推薦給他。到任後，此人辦事很老練，又謹慎。時間一長，王士俊很看重他，把他當作心腹。待任期已滿，準備回京覆命，這個傭人忽然要求先行告辭離去。王士俊非常奇怪，問他為什麼要這樣做。

那人回答：「我是皇上的侍衛，皇上叫我跟著你。你幾年來做官，沒什麼大錯。我先行一步，回京城稟報皇上，替你先說幾句好話。」

王士俊聽後，嚇壞了，好多天，一想到這件事就兩腿直發抖。幸虧自己沒有虧待過這人！要是待他不好，命就沒了。

雍正還派人祕密地把刑部大門的匾額取了下，再詢問刑部官員，匾額在不在。刑部官員都說在。雍正聞言，立刻叫人抬出匾額，說：「匾額放在這裡很久了，你們這班人還一點也不知道。你們平常進進出出，疏忽大意，可想而知……」眾官員嚇得大氣也不敢出。雍正狠狠地把他們訓斥一番。

4 武則天明知故問

一年秋天，武則天在後花園中看到一枝梨花，不禁靈光一閃。梨花本是春天開花，秋天結果，突然秋天開花，當是一種大異兆。於是，她在朝中展出這件奇品，要求討論。群臣頓時意見紛紛。大批新進官員都稱頌這是天降祥瑞，讓梨花在秋天開放，證明武后洪福齊天，應當臨朝稱制，順應天意。

但宰相杜景儉力反眾說，認為梨花非時而開，並非吉兆，反倒可能是一種凶兆。

武則天聽後，覺得杜所說頗有為臣的責任感，誇讚他才是一位真正的好宰相。

實際上，她對臨朝稱制是否符合天意早已成竹在胸，並不深究。畢竟她坐穩江山已有多年。倒是群臣忠誠與否，成為她的一塊心病。杜景儉勇於承擔責任，才是真正為國分憂。武則天時代，對於宰相，一直採取殘酷打擊的政策，大都羅織罪名，以酷吏加以制約與鎮壓，使這批世襲貴族、豪門，尤其是李唐時代的功臣勳舊，遭到重大的打擊。

按照唐制，宰相制度仍承襲前朝，一品的三師、三公即名義上的宰相。三師即太師、太傅、太保，三公即太尉、司徒、司空，與天子可坐而論道，大多授予享有崇高地位的元老重臣，且多為死後贈官——如房玄齡冊贈太尉、杜如晦贈司空、李靖贈司徒，均在死後。

真正起決定作用乃是三省長官。

承旨撰制國家法令，主管決策的中書省，長官為中書令，二人，正二品，署理軍國政令，輔佐天子執政；下置侍郎，二人，正三品，為中書令之副。

門下省為政府最高審議機構，負責審核中書省起草的詔令，有封駁、奏請之權，還可根據皇帝命令，審核各地向中央上書的奏摺。最高長官為侍中，二人，正二品，掌納帝命，總典吏治，參總軍國要務；下有門下侍郎，二人，正三品，為侍中之副。

尚書省是中央行政執行部門，傳達中書、門下發出的敕令，下統吏、戶、禮、兵、刑、工六部。尚書省長官為尚書令，正二品，掌總令百官。但因唐太宗即位前曾任此職，唐代例不復置，以尚書左、右僕射為長官，從二品。下有左、右丞各1人，主持省內日常事務。

因此，唐朝實行的實際上是群相制，三省長官中書令、侍中和左、右僕射均為宰相，至少有6人。

公元六八四年9月，武則天臨朝稱制，六九〇年即位稱帝，在位16年。自光宅元年（六八四年）至長壽二年（六九三年）10年中，共有宰相46人，被殺、自殺、被流放者幾乎占全數四分之三以上，比之漢朝武帝時代，有過之而無不及。

下面僅就狄仁傑七臣之獄一案，看一看「明知故問」奸術在武則天時代的應用。長壽元年一月，恐怖政治達到高潮，武承嗣一來俊臣聯盟達到鼎盛。

此時，武則天臨朝稱制、稱帝已有十多年，李唐貴族勢力遭到重大的打擊，她的兩個兒子中宗與睿宗被「東諸高閣」。武則天的侄子仗著武姓宗族與親信的便利，開始著手建立武姓王朝的準備。武來聯盟為了試探恐怖集團的力量強力與否，並繼續消滅舊勢力，把矛頭指向七位素享聲譽的大臣。

這七人是三位宰相：任知古、狄仁傑、裴行本，四位大臣：司禮卿崔宣禮、前文昌左丞盧獻、御史中丞魏元忠和潞州刺史李嗣忠。其中尤以狄仁傑、魏元忠最卓聲望，是朝臣中李唐貴族的領袖級人物。

來俊臣親自主審狄仁傑。他進行誘供：「如果狄宰相承認犯罪事實，不但可以免去死罪，還可免除酷刑。」來俊臣殘酷的刑訊逼供，天下盡知，尤其是懲罰大臣之重，更令人毛骨悚然。

狄仁傑深知來俊臣用刑的殘毒，就來了個緩兵之計，首先承認犯有謀反大罪，但內容非常空洞，沒有所謂謀反的事實。大而化之是狄氏「認罪」的原則，為以後翻案做準備。這是他的過人之處。他說：「大周革命，萬物唯新，唐室歸臣，甘從誅戮，反是實。」僅因身為李唐舊臣，就對「大周革命」犯有謀反之罪，顯然是被迫之辭。來俊臣根據以往的經驗，只要承認反罪就行，其它就坐等則天皇帝批斬或北流。

狄仁傑趁著在獄中人身自由稍有改善之際，就以書信祕縫於綿衣，送達家人，讓兒子狄光遠上書鳴冤。實際上，武則天以酷吏制舊臣，其中冤假錯案何止千萬，她早已了然於心，但根基未穩的非常時期，她聽之任之。一旦天下進入正常運行的軌道，君臣和睦、上下一心的局面當是武氏王朝能夠昌盛、延續的重要條件，這一點，她也知道。因此，她假裝從前受到蒙蔽，拋出「掩耳盜鈴」的伎倆，藉此案祭出「仁慈君主」的形象，對來俊臣把持的監獄系統進行審查。

武則天首先在宮中召見來俊臣，問狄仁傑所稱「謀反罪」是否酷刑副供得來，遭到來氏斷然否認，說他們都處之甚安，朝衣朝冠披掛在身，根本沒有用刑。

武則天此舉是「打招呼」，告訴來俊臣不可過分行事，她已知道監獄中的殘酷行徑，以前只是不明言而已；現在若再如此，她還是要管的。隨後，她又派使者通事舍人周琳到獄中連視。雖因來俊臣的淫威，使周琳在獄中望而卻步，但狄仁傑等還是被去掉囚衣，披上朝服，等待檢視。

周琳之行沒有取得什麼結果，但它散發出來的政治信息，使兩方面產生了截然不同的態度：狄仁傑等人知道武則天已動惻隱之心，對監獄刑訊逼供產生了懷疑，就更加緊四處活動，尋求更多的同情與支持；來俊臣之流則是慌了手腳，看出武則天已有所不滿，於是也加緊活動，恫嚇朝臣，極力掩蓋真相。

武則天既然已有通融監獄中各大臣之命運的想法，就需要一個朝臣的奏章和談話作為引子，讓話從他們口中說出，自己做出恍然大悟的樣子，以避免帶給群臣完全改變從前的決定、朝三暮四、出爾反爾的口實。因為這於皇帝的尊嚴非常有害。而且，對於突然之間改變朝臣的生死命運，也必須給他們恩重如山的感覺，否則反而生怨，起不到效果。

這時正好有個八、九歲的小奴隸上書，給了武則天一個契機。這個姓樂的小孩採取「以毒攻毒」的策略，以告密反告密。因為只有告密者才能得到武則天親自接見。小孩在武則天接見時放膽暢言，指出了來俊臣所製造的慘無人道的冤案遍地。於是，武則天決定親自訊問狄仁傑，終使此案得以真相大白。

後來的故事可以順理成章地推斷出：武則天以聖明的樣子決定，從寬處理七大臣。在朝座之上，她堂而皇之地對群臣宣示：「古人云以殺止殺，我今以恩止殺，就群公乞（任）知古等，賜以再生，各授以官，佇申來效。」於是，此案得到戲劇性的轉折，七大臣居然全部保全了性命。

5 為人臣者不可才高蓋主

為人臣者最忌才高蓋主。這會讓皇上不高興，並覺得自己的地位受到威脅，從而千方百計地把你給踹下去。讀過《三國演義》的人可能注意到，劉備死後，諸葛亮好像就沒有太大的作為了，不像劉備在世時那樣運籌帷幄，滿腹經綸，鋒芒畢露。在劉備這樣的明君手下，諸葛亮不用擔心受猜忌，並且劉備也離不開他，因此他可以盡力發揮自己的才華，輔助劉備，打下一份江山，三分天下有其一。劉備死前，當著群臣的面說：「如果嗣主可以輔助，就好好扶助他；如果他不是當君主的材料，你就自立為君算了。」諸葛亮頓時冒出虛汗，手足無措，哭著跪拜於地說：「臣怎敢不竭盡全力，盡忠貞之節，一直到死也不鬆懈？」說完，叩頭流血。劉備再仁義，也不至於把國家讓給諸葛亮。當他說讓諸葛亮為君，怎麼知道沒有殺他的心思呢？因此，諸葛亮一方面行事謹慎，鞠躬盡瘁，一方面則常年征戰在外，以防授人「挾天子」的把柄。而且他鋒芒大有收斂，故意顯示自己老而無用，以免禍及自身。這是韜晦之計。

你不露鋒芒，可能永遠得不到重任；鋒芒太露，卻又易招人陷害，自掘墳墓。你施展自己的才華，也就可能埋下危機的種了。所以，才華顯露，要適可而止。

嫉賢妒才，是人的本性。願意別人比自己強的人並不多。所以，有才能的人會遭受更多的不幸和磨難。曹植鋒芒畢露，終招禍殃。文名滿天下，卻給他帶來了災禍。這難道是他的初衷嗎？他只是不知道收斂罷了。

唐人孔穎達，字仲達，8歲上學，每天背誦一千多字。長大後，很會寫文章，也通曉天文曆法。隋朝大業初年，舉明經高第，授博士。隋煬帝曾召天下儒士，集合在洛陽，令朝中官與他們討論儒學。孔穎達年紀最少，道理說得最出色。那些年紀大、資深望高的儒者認為孔穎達超過他們，是他們的恥辱，便暗中派人刺殺他。孔穎達躲在楊玄感家，才逃過這場災難。到唐太宗時，孔穎達多次上書忠言，因此得到國子司業的職位，又拜祭酒之職。太宗到太學視察，命孔穎達講經。太宗認為他講得好，下詔表彰。但後來他辭官回家。

南朝劉宋王僧虔，東晉王導的孫子。宋文帝時官拜太子庶子，武帝時為尚書令。年紀很輕時，王僧虔就以擅寫書錄聞名。宋文帝看到他寫在白扇上的字，讚歎道：「不僅字超過王獻之，風度氣質也超過他。」當時，宋孝武帝為太子，想以書名聞天下，王僧虔便不敢顯露自己的真跡。大明年間，他把字寫得很差，因而平安無事。

中國歷來有文人相輕的陋習，名氣一大，流言便會滿天飛，稍有不慎，必將惹下大禍。在名利場中，要防止盛極而衰的奇災大禍，必須牢記「持盈履滿，君子兢兢」的教誡。「欹器以滿覆，撲滿以空全。」這是世人常用的一句自警語。欹器是古人裝水的一種巧器，呈漏斗狀。水裝了一半，它很穩當；裝滿了，它就會傾倒。撲滿是盛錢的陶罐，它只有空空如也，才能避免人為取其錢而被打破的命運。

普通人之間尚且互相瞧不起，更不用說君臣之間了。其實，封建時代，絕大多數任位是從祖宗座下繼承而來，靠自己的真本領爭來，雄才大略的開國皇帝，也大多是流氓或豪強出身，文采智計，並非樣樣都能高人一等。然而，嫉妒是人的本性，如果臣下不懂得謙遜退讓，不懂得韜光養晦，而是處處張揚自己的才華，弄得君主或上司經常難堪，那就好景不長了。

隋代薛道衡，6歲就成了孤兒，特別好學。13歲時，能講《左氏春秋傳》。隋文帝時，作內史侍郎。隋煬帝時任播州刺史。大業五年，被召還京，上《高祖頌》。煬帝看了，不高興地說：「這只是文詞漂亮。」拜司隸大夫。煬帝自認文才高而傲視天下之士，不想讓他們超過自己。御史大夫顧是說薛道衡自負才氣，不聽訓示，有無君之心。於是煬帝下令把薛道衡絞死。天下人都認為薛道衡死得冤枉。但他不就是太鋒芒畢露而遭禍的嗎？

6 驕氣放浪不及謹慎陰柔

春秋戰國之際，衛國有一個大臣叫彌子瑕，很得衛靈公的寵愛，所以他從不把清規戒律放在眼裡。衛國規定，私自偷乘國君專車的人要刖腳。一天夜裡，彌子瑕突然得到稟報，說他母親得了急病。一著急，他就駕上靈公的座車疾馳回家。又有一次，他與靈公遊御花園，走過一片桃林時，見到樹上結滿了又大又紅的桃子，就摘了一個嘗新。咬了幾口，說桃子好吃，就把它拿給靈公吃。朝廷中有人劾奏他置君臣體統於不顧。靈公卻說，彌子瑕是個孝子，為了母親，竟不顧自己獨犯法律的後果；又讚他是個忠臣，連桃子好吃這樣的小事也首先想到君王。不久，彌子瑕終於在眾人側目的情況下失勢。由於他恃寵犯上的事甚多，經眾臣挑唆，衛靈公大罵他是個叛臣，說他犯上作亂，擅自以自己的名義乘君王之車，而且對自己不誠不敬，有侮慢之心，連吃剩的東西也敢獻上來，還美言欺君，偽作忠順！

夏言是明朝嘉靖皇帝的寵臣，曾是當朝的首輔大臣，專權二十餘年。然而，他不知掩蔽鋒芒，驕氣奪人，橫衝直撞，樹敵過多，70多歲時終被當街腰斬。

明世宗嘉靖皇帝是明朝在位時間最長的皇帝之一。其時，明王朝已是一派中衰氣象。這位15歲登基，在位45年的皇帝，其上臺與在位均與一般皇帝有些區別。他本不是前朝荒淫無恥的武宗之子，因為武宗過度沈湎於女色，早衰無子，31歲死後，身為憲宗之孫、孝宗之侄、武宗之堂弟，世宗終得以入繼大統。

由於是以過繼身分即位，依裂廷議，世宗應當尊堂兄武宗之父孝宗為父，而稱己父為叔。但世宗非常孝順，不忍為此事，偏要尊自己的父親為帝，因而釀成明中期「大禮議」之獄。世宗將反對立其父為帝的大臣或杖死，或入獄，或貶謫。其後，他對朝臣竟滋生特殊的仇恨，在位四十多年，表現反覆無常，諸事以己之好惡而定，並擴充皇帝的尊嚴，終使後期佞臣當道，奸臣嚴嵩專權二十餘年，將腐朽的明王朝再向崩潰的邊緣推進一步。夏言本只是朝中一個不起眼的小官，只因順迎世宗之意，才得以順利升遷，而且官升得非常快速。

嘉靖七年（一五二八年），世宗想合天地日月二祀為四祀，分建於四郊。這是變更禮法，遭大臣反對。大學士張孚敬不敢表態，酷嗜道佛迷信的世宗占卜亦不吉，眼看此議即將作罷，已升為七品的吏部都給事中夏言卻別出心裁，為世宗解了這道難題。

夏言上疏，請世宗親自到南郊耕種，皇后到北郊種桑植蠶，為天下倡農桑之事，並建議分天地二祀。這當然甚合世宗心意，下旨賜夏言四品朝服和俸祿。連升三級的夏言再次建言，請世宗把日月分為二郊配饗，順利地解決了四祀、四郊的問題。為此，他受到世宗恩寵，令他任二郊祀壇建設的監工。

是年，延緩發生饑荒。夏言推薦僉都御史李如圭為巡撫，未為世宗允准。吏部改任他人，一一為皇帝否決。最後世宗亮出底牌，要夏言出任。因此事，夏言遭御史熊爵彈劾，說他一開始薦舉李如圭是故作姿態，沽名釣譽，為自己打算。夏言則辯稱並無出任之意，博得世宗的信任。同時，對於朝中如日中天的張孚敬大學士，夏言不避權貴，大膽彈劾，更得世宗歡心，被選為侍讀學士，以隨從皇帝顧問，成為天子身邊的近臣。

嘉靖十年九月，世宗提拔夏言為禮部尚書，位列六卿，正二品。三年內，連升五級，升遷之快，為明朝開國以來所未有。

夏言為官能折節下士，與臣僚同事關係頗為融洽，但又敢與眾臣所惡的權貴爭鬥，因而博得同僚的信任；更重要的是，他投世宗之所好，且語句華麗，講話流利通暢，不帶鄉音，文思極快，與世宗作詩唱和也深合帝意，因此世宗引其為心腹，日日有賞賜，成為滿朝第一紅人。但因仕宦過於順利，在世宗寵信的大背景下，他開始頤指氣使，欺壓同僚，驕氣奪人，終為許多人嫉恨。

嘉靖十五年，夏言升為太子太保，又進少傅兼太子太保兼武英殿大學士，參與內閣；後更位至首輔，成為一人之下、萬臣之上，不是宰相的宰相。十八年，再被特封為光祿大夫上柱國。這是明代大臣的最高封銜，有明一代，只有夏言與張居正得此加封，而張氏還是虛銜。所以，夏言此種榮譽可謂空前絕後。

盛極而衰是封建官僚官運的運行鐵律。正在夏言春風得意之時，因收復河套之議，遭到世宗寵信的大奸臣嚴嵩陷害，從而走上幾起幾落的陷阱，終致慘死。

嚴嵩既是夏言的同鄉，早年受到夏言的照顧與提攜。他極有心計，且頗有文才，對夏言之高位和早年只被當成門客的待遇十分嫉恨，遂伺機加以陷害。

嘉靖十八年（一五三九年），夏言與嚴嵩等隨侍世宗去安陸謁拜興獻王陵墓。謁陵完畢，夏言按慣例，請求皇帝回京接受群臣賀拜。嚴嵩已摸清世宗心底，請世宗就地停留，接受賀拜。這極合世宗心意，因而世宗以「禮樂自天子出」為理由大事鋪張，接受賀拜禮儀。此後，世宗開始疏遠夏言，寵倖嚴嵩。

是年，夏言因一件小過錯，莫名其妙地遭到世宗重責。他因驚恐而請辭，卻反惹得世宗大怒，認定他是以辭職請罪相要挾，頒敕追回所賜銀章和手敕，令他以少保尚書大學士之職銜退休，並削去所有其它官職。過了8日，世宗怒氣稍解，又盡復其職。但夏言上表的謝呈不合其意，再遭斥責。後來世宗又兩次令其退休。二十一年

（一五四二年），雖再次盡復其職，但寵信已不如前。

世宗篤信道教，喜戴香葉巾，並命宮人仿製5頂香葉巾賜給夏言、嚴嵩等大臣，以示寵倖。夏言認為，此種用物非朝廷禮制，所以公開表示只藏而不戴；嚴嵩則每次進宮都戴上，並故意在上面的官袍外露出截，以討好世宗，果然得到世宗歡心。

一山難容二虎。夏言與嚴嵩矛盾公開化，兩人互相指使大臣上書攻詰對方，嚴嵩更在皇帝面前哭訴夏言對他肆意侮辱。

二十一年六月，嚴嵩密見世宗，跪在地上痛哭流涕，力訴夏言之非，並誣夏言有輕慢犯上之罪。世宗龍顏大怒，將夏言革職，拜嚴嵩為武英殿大學士。這是夏言第四次罷官。二十四年，世宗微覺嚴嵩主持閣政多涉不法，乃復夏言職，以其為首相。但嚴嵩並未遭貶，仍與夏言共事。

重新復職，夏言仍是縱橫博辯，傲視大臣，引起朝臣側目。嚴嵩則夾起尾巴做人，盡力巴結天子身邊的近臣，尤其是對世宗派到府中的小太監，每次都親自執手請坐，並以重金賄賂，讓他們在世宗面前美言。夏言對此輩則甚為簡慢，只視為奴才。這樣，宦官輩就在皇帝面前盡說嚴嵩好話，對夏言大加詆毀。

真正使夏言遭致死罪的是河套收復之議。深得夏言倚重的兵部侍郎。三邊軍務總督曾銑於二十六年（一五四七年）提出收復河套地區的計畫。由於夏言位至首輔，未有出色的功勞，只有世宗的寵倖，因而極力贊成這一建議，一開始也得到世宗的稱許，撥專銀三十萬兩以作開支。曾銑出征，果然取得一些成績。

但是，此時京城和內宮突生經異：京城大風，內宮失火，皇后去世。迷信道教的世宗以為這是上天垂示的不祥之兆。嚴嵩就以曾銑為突破口，趁機攻擊夏言，說這些災異是曾銑「開邊啟釁」的惡果。因此，世宗立即改變態度，停止收復河套的計畫，下詔將曾銑逮捕下獄。

嚴嵩又從獄中提出與曾銑素有仇怨的甘肅總兵仇鸞，要他上書誣陷曾銑掩蓋敗情，剋扣軍餉，並誣告夏言的岳父蘇綱收受賄賂，並涉及夏言。世宗聞訊怒極，又詔令夏言退休。

此時，嚴嵩又發動朝臣群起攻之。世宗終在二十七年以「誤國」罪名，將夏言逮捕入獄。夏言上疏為自己辯解，並對嚴嵩進行淋漓盡致的揭露，指斥嚴嵩是當代的共工、王莽、司馬懿。昏饋的世宗對嚴嵩深信不疑，於捕夏言後9月，將他殺於西市。夏妻蘇氏流放廣西。

夏言死後，嚴嵩成為世宗第一親信，專政首輔20年之久，是明朝走向衰亡的轉捩點。夏言在20年的宦途生涯中，五起五落，一切皆由自己不僅慎的言行和不知收斂的風格所致，正應了所謂「跳得高，摔得重」的古話，是中國歷史上一個典型案例。

7 致春申君於死地的「美人計」

公元前二六三年秋天，在位36年的楚頃襄王一命嗚呼，太子熊元繼立為君，史稱考烈王。態元以春申君黃歇為令尹（宰相），執掌楚國大政。

春申君是列國中知名的四公子之一。其餘三人是魏國信陵君魏無忌、齊國孟嘗君田文、趙國平原君趙勝。這四人均因招蓄門客，禮賢下士，足智多謀而譽滿天下。

考烈王當了十幾年國君，享盡榮華富貴，後宮中姬妾成群，卻始終未有子女。首輔大臣春申君用盡渾身解數，廣泛搜求國內適於生子的女子送進宮中，卻毫無懷孕的消息。考烈王很感失望、焦躁，春申君更是著急。春申君的一個門客卻暗自高興。

這個門客叫李園。此人奸詐陰險，因多年未受重用，一直悻悻不樂。考烈王無子，春申君著急的情形被他知道後，他就打起了壞主意。他有個妹妹叫李嫣，姿容俏麗，善於獻媚邀寵，也頗有心計。李國想把妹妹獻入宮中，但又怕妹妹入宮後也不受孕，就想出一個「偷梁換柱」，讓春申君代君生子的萬全之策。

當天下午，他向春申君請假五天，回家處理雜事。其後卻故意過期不歸，一直到

第十天才銷假回來。黃歇見他超假五天，自然要問其緣由。

李園裝作無可奈何的樣子說：「真是沒有辦法。我有個妹妹叫李嫣，生得有些姿色。齊王聽說了，特派專使前來求婚。我陪著使臣宴飲數日，實在無法脫身，所以誤了歸期。」

黃歇一聽，心中一動：「一個普通民女竟名聞異國，想必是個傾城傾國的絕世美人。」隨即急切地問道：「你已接受齊王的聘禮嗎？」

李園回答：「方才進行議婚，尚未接受聘禮。」古禮以下聘受聘為訂婚之則，此禮未行，婚事尚在兩可之間。

黃歇聞言暗喜，忙問：「能讓我見一見你的妹妹嗎？」

李園回道：「我在您的門下，我的妹妹不就等於您的婢妾嗎？敢不從命！」

黃歇大喜。

當天晚上，李園把妹妹盛妝打扮一番，然後悄悄送進黃歇府中。李嫣本來就生得很漂亮，再一化妝，配上華麗鮮豔的服飾，更是花枝招展，黃歇見了，難以自持，立即賞賜李園兩雙白璧、三百兩黃金，留下李嫣侍寢，大加寵愛。從此，黃歇與李嫣儼如夫妻一般，恩愛非常。

未到兩個月，李嫣已暗結珠胎。她把此事告訴了哥哥。李園聽後，喜形於色，問她：「當妾和當夫人，哪個尊貴？」

李嫣笑答：「妾怎能比得上夫人？」

李園又問：「夫人與王后比較，又是哪個更尊貴些？」

李嫣笑意未褪：「當然是王后尊貴無比了。」

李園說：「你在春申君府中，自然比在家富貴多了，但畢竟只是一個小小的寵妾而已。如今楚王無子，你已有娠，若進宮侍奉楚王，日後生子，必為王。屆時，你就是國君的母親，尊貴無比，難道不比當妾勝強百倍嗎？」

他隨即把自己的謀劃和盤托出，告訴李嫣，枕席間如何向春申君進言方可奏效。李嫣連連點頭。

當天晚上，李嫣侍寢。二人正相親相愛之際，李嫣卻面帶愁容，彷彿滿腹心事。黃歇忙問緣故。

李嫣深情地說：「妾擔心您的福分不會長久。」

黃歇忙問何意。李嫣慢慢地說：「楚王非常信任您，您的地位，連楚王的兄弟都趕不上。可是，您當令尹近二十年，楚王還無後代。楚王千秋萬年之後，必將改立他的兄弟為君。俗話說：一朝天子一朝臣。您對他們沒有絲毫恩德，他們必定使用自己親信的人。到那時，您的令尹之位、江東的封邑還能保住嗎？您若沒了勢位，我們的幸福又怎能長久？」

黃歇聽罷，暗暗點頭。

稍一停頓，李嫣又接著說：「妾所慮不僅如此。您權高位重，執政很久，難免對待國君的兄弟有禮數不周，得罪他們的地方。如果真的是他們即位為君，您可能會大禍臨頭的。這就不只是江東封邑保不保留住的問題了……」

聽到此處，黃歇嚇得額頭上滲出小汗珠，驚愕地說：「你說得對！你說得對！我竟沒考慮這麼遠！可如今該怎麼辦呢？」

李嫣嬌滴滴地而：「妾有一計，不但可以免禍，而且可永保富貴。但若用此計，妾卻有些愧疚。此事雖大有利於君，心中實不願意，又怕您不聽……所以……不說也罷……」

黃歇心中已很害怕，忙追問道：「你是為我打算，我怎會不聽？計如果可行，我全聽你的。」

這時，李嫣微低下頭，面帶羞澀地回道：「妾受君寵愛，多承恩澤，今已懷孕，外人誰也不知。您若把妾送進宮，憑您的特殊地位、妾的姿容，大王一定會寵倖妾。如果老天保佑，他日生下男孩，必立為太子，日後繼位為君，實質上就是您的兒子當了楚王，哪還會有不測之罪呢？只是，妾捨不得離開您啊！」

聽完這席話，黃歇大夢初醒，連說：「妙！太妙了！人們常說：『天下有智婦人，勝於男子。』這說的就是你啊！就照你說的辦！」

第二天，黃歇召李園入密室，將此計告之。李園佯裝不知，故作驚詫，沈思了一會，才表示贊成。

黃歇即刻入宮面見楚王，奏道：「我聽說李園有個妹妹叫李嫣，很有姿色，相面的人都說她必有兒子，而且必得富貴。齊王方派人來求婚，大王何不先納之。」

李王見是春申君推薦之人，自然重視，立命內侍宣召李嫣入宮。李嫣進宮，大獻媚態，把個楚王哄得滴溜轉，不知東西南北，如獲至寶，百般寵愛。不久，李嫣果有懷孕之喜，到了產期，生下一對雙胞胎。

楚王得子，給長的命名熊悍，小的取名熊猶，整天樂得手舞足蹈。滿月後，即立李嫣為后，立熊悼為太子，李園為國舅，與春申君共執國政。

但是，李園是一個權力欲非常強的奸邪之徒。他見春申君位高權重，一直非常嫉妒，現在自己已有機會，就決心倚恃楚王與妹妹，扳倒春申君，自己獨掌權柄。因此，他表面上對黃歇更加恭謹，暗中卻在等侯時機。

幾年後，考烈王身染重病，將不久於人世。李園想到李嫣懷孕入宮之事，只有自己和黃歇知道。太子若立為君，一旦知道原委，對自己十分不利。不如先下手除去黃歇，以免後患。如此，自己和妹妹就可高枕無憂地操縱楚國了。於是，李園暗中派人訪求一些亡命之徒，藏在私宅。

黃歇有個朋友叫朱英，聽說李園陰蓄死士，知道是為了圖謀黃歇，就去警告春申君：「天下有無妄之禍，更有無妄之人，您知道嗎？」

黃歇問道：「什麼叫『無妄之禍』？」

朱英回答：「李園是國舅，位在您之下，表面雖柔順，心裡實不甘。聽說他正陰蓄死士，等楚王一薨，即據權殺您奪位。這就是『無妄之禍』啊！」

黃歇又問：「什麼叫『無妄之人』？」

朱英答稱：「李園的妹妹在宮中，宮中的消息，李園隨時都可知道。而您住在城外，得到消息必然較晚。您可安排我做郎中令，讓我統領禁軍。如果李園先入，我就替你殺了他。然後您就可穩操勝券。這就是『無妄之人』。」

黃歇聽後笑道：「您太過慮了！李園是個懦弱之人，對我非常恭順，哪用得著這麼做呢？」

朱英說：「您今日不用我的計謀，到時後悔可就晚了！」

黃歇推託道：「你先回去，等我仔細想一想。如有用你之處，即去相請。」

朱英回去靜等二天，不見有人來請，知道自己的計策未被採納，就收拾行囊，悄悄出去，到五湖間隱居去了。

朱英走後17天，考烈王死去。李園早與妹妹及宮中的侍衛約好：「王一旦駕薨，要先通知我。」於是他第一個得到信息，急忙進宮，傳令任何人不准走漏消息，祕不發喪，並安排那些亡命之徒埋伏在棘門之內。挨到天黑，才派人報告黃歇。

黃歇聞信，大吃一驚，也不和門客商量，急匆匆駕車進宮。剛進棘門，兩側甲士持刀衝出，大喊：「奉王后密旨，春申君謀反宜誅！」黃歇見狀大驚，想要回車已來不及，手下人早被殺散，他也被一刀砍下頭顱。李園見大事已畢，傳令緊閉城門，把黃歇的腦袋扔到城外，然後發喪。立太子熊悼為君，即楚幽王，當時只有6歲。這一年是公元前二三五年。

幽王即位後，由母親和娘舅幕後專政。李園自立為相國，奉李嫣為王太后，盡滅春申君黃歇之族。此後，少主寡后深居宮中，李園一人獨掌大權。

8 皇太后下嫁大臣，以色謀權

公元一六四三年（清崇德八年），清朝雄才大略的開國皇帝皇太極病重。自建立清朝以來，他發揚光大了努爾哈赤的事業，對內改革政治，對外開疆拓土，使滿清呈現出一片繁榮興旺的景象。但年僅52歲，他便一病不起。他深知，滿清的基業還不穩固。尤其是內部，皇太子雖然早已冊立，但諸王之間爭權奪利，互相傾軋。因此，在安排後事方面，他十分重視。

太子的母親博爾濟吉特氏屬蒙古科爾沁部，父名塞桑，其姑是皇太極的正宮皇后，即孝端皇后。博爾濟吉特氏在其子即位後，被尊為皇太后，死後諡為孝莊仁宣誠獻恭懿至德純徽翊天啟聖文皇后，一般稱為莊妃或孝莊皇后。她是皇太極的寵妃，長得十分美麗，而且精明強幹，很有見識，皇太極在許多方面都得助於她，因而在安排後事上對她甚為倚重。

皇太極知自己不起，叫來莊妃，握著她的手，氣喘吁吁地說：「我今年52歲，即使死了，也不為夭亡，只恨未得統一中原，不能與愛妃共享天下，不免憾恨。我死之後，福臨可以即位。但他年幼無知，不能親理政事，只好由諸親王攝政了。」

然後，他把濟爾哈朗和多爾袞找來，對二人說：「我已病入膏肓，就要與二王訣別了，所擔心的是皇太子福臨剛剛6歲，不能理政，一旦即位，還望二王能顧念本族血親，好好輔佐他。」

濟爾哈朗和多爾袞聽了，連忙跪在地上：「如背聖諭，皇天不容。」

皇太極又指著濟爾哈朗說：「他們母子二人，全仗二王，二王不得食言。」

就這樣，皇太極「托孤」於濟爾哈朗和多爾袞二親王。

公元一六四三年9月20日，皇太極病死於瀋陽清寧宮。雖然他臨終前已有安排，但圍繞皇位繼承問題還是鬧了一場不小的風波。少數少壯派貝勒想立皇太極的長子豪格，因豪格年齡較大，有一定的影響。代善之孫阿達福（多爾袞之侄）和其叔碩托親王想立多爾袞。按當時的情況看，多爾袞一派力量較為強大。尤其是多爾袞本人，既軍權在握，又驍勇善戰，在軍隊中頗有威望，性格也剛毅果斷。但多爾袞考慮到自己若登皇位，怕會引起內亂，尤其是皇太極的長子豪格一派的力量更難以制服，所以，他還是決定立福臨為帝。

其實，多爾袞立福臨為帝的用心，大家都看得很清楚。福臨年僅6歲，即位後必然由多爾袞攝政，多爾袞就能一步步剪除異己，控制局面，在適當的時機再登皇位。

因此，一些親王不願同多爾袞合作。阿濟格就稱病不出，撒手不管。

在這種情況下，多爾袞必須採取一定的措施，穩住人心。於是，他以謀逆罪殺了要擁立自己的阿達禮，以證明自己並不想篡位。他這一舉動，在一定程度上起到了收攏人心的作用，阿濟格也出來視事了。表面上，局勢終於穩定下來。

福臨即位，是為順治皇帝，嫡母和生母莊妃俱被尊為皇太后，多爾袞攝政，被尊為皇父。

莊妃心裡十分明白，他們孤兒寡母，若無人盡心輔佐，必然權位不何，所以對多爾袞一意籠絡。在順治即位後不久，多爾袞親自告發並主持審理了阿達禮、碩托叔侄的謀逆案件，殺了阿達禮，並罪及其妻子，以表明自己的心跡。這使得莊妃極為感激，從此對多爾袞更加信賴。

多爾袞可謂「兢兢業業」，凡事無論大小，都稟告莊妃。莊妃讓他隨便出入宮廷，便宜行事，不必事事奏告，也不必多避嫌疑。於是，多爾袞隨意出入宮禁，有時甚至留宿宮中。

多爾袞據說長得一表人才，十分精幹秀拔，卻是一位好色之徒。莊妃也正值盛年，時間一久，便有了苟且之事，宮廷內外傳出一些閒言碎語，連顧命大臣濟爾哈朗也說三道四。多爾袞知道以後，告訴莊妃，讓她擬了一道聖旨，派濟爾哈朗前去攻打山海關，把他遠遠地支派出去。

莊妃是個十分精明的人，關於她和多爾袞苟且之事，到底是出於多爾袞的逼迫，還是她自願趨奉，或是二者皆有，已無法由史實證明。其實，這種事就是放在今天，也難以說清。不過，有一點很清楚：多爾袞嗜色如命，莊妃既年輕美麗，又聰慧能，多爾袞想漁獵其色，恐怕是可想而知的事。多爾袞的好色無恥，還可以用另一件事加以證明。

一次，多爾袞在宮中見到一位十分美麗的婦人，與莊妃之美不相上下，十分眼饞。回去一打聽，才知道這婦人是皇太極的長子、肅王豪格的福晉。多爾袞因迷上這位福晉，竟設計將豪格害死於獄中，把這福晉納為己妃。但不久又生厭棄，迷上朝鮮的兩位公主，把這福晉冷落在一邊，任她撒潑使性，只是避居不理。從這事看來，多爾袞對莊妃主動發起進攻，並非不可能。

在這種情形之下，莊妃的態度如何呢？以莊妃之精明，她不會不考慮到苟且之事對她的身分、尤其是聲譽所帶來的影響，但如果拒絕了多爾袞，恐怕問題更大。莊妃十分清楚，多爾袞雄才大略，其好色如命是他性格上的極大缺陷，如果施以溫柔之計，或可很容易籠住其心；利用他去控制住權力，順治的皇位和自己的太后之位就可較為穩固，而且會一天天穩固起來。也許她就是出於這種考慮，才有此舉。

當然，以莊妃之盛年，多爾袞之儀表和熱情，也並非沒有因此而苟且戀姦情熱的可能。但總的看來，這只是一個次要的原因或根本就不是原因。在中國歷史上，女皇武則天和其女兒太平公主，以及其她許多皇后、公主都曾豢養面首，但基本上沒有與權臣發生什麼情感糾葛，根本原因就在於她們的權力已很穩固，不需要再施「美人計」以穩住其統治地位。她們甚至要遠遠地躲開權臣，以免自己的私生活以及其它什麼祕密為權臣所偵知，用來攻擊自己。

由此可見，莊妃與多爾袞的關係，其根本原因還在於維護權力的需要。

9 王猛擇賢而發力

王猛本來是漢族的知識分子，出生於青州北海郡劇縣。年幼時因戰亂，隨父母逃到魏郡。當時，氐族在長安建立了前秦政權。但漢族的東晉政權依然存在，王猛為什麼要投奔到氐族苻堅的手下呢？

這是因為，王猛心裡明白：一個人再有才能，沒有一個聰明能幹的上司，其才能必然很難發揮出來。而正確地選擇自己的上司，本身就是一個人才能和智慧的體現。

王猛年輕時，曾到過後趙的都城——鄴城。這裡的達宮貴人沒有一個瞧得起他，唯獨徐統見了他以後，非常驚奇，說他是個了不起的人物。於是荐在出任功曹。可王猛不僅不答應，反而逃到西嶽華山隱居起來。因為他的抱負是幫助一國之君幹大事。他極暫時隱居山中，看看社會風雲的變化，等待時機到來。

公元三五一年，氐族的苻健在長安建立前秦王朝，力量日漸強大。三五四年，東晉大將軍桓溫率兵北伐，擊敗了苻健的軍隊，把部隊駐紮在灞上。王猛身穿麻布短衣，徑直到桓溫的大營求見。桓溫請他談談當時的局勢。王猛於大庭廣眾之中，一邊把手伸到衣襟裡面去捉蝨子，一邊縱談天下大事，滔滔不絕，旁若無人。

桓溫見此情景，心中暗暗稱奇。他問王猛：「我遵照皇上的命令，率領10萬精兵前來討伐逆賊，為老百姓除害，可是，關中豪傑沒有人前來效勞，這是什麼緣故？」

王猛直言不諱地回答：「您不遠千里，前來討伐敵寇，長安城近在眼前，卻不渡過灞水，把它拿下，大家摸不透您的心思，所以不來。」

桓溫沈默了許久，沒有回答，因為王猛的話暗暗擊中他的要害。他的心思實際上是：自己平定了關中，只得個虛名，地盤卻歸於朝廷。與其消耗實力，為他人做嫁衣裳，還不如擁兵自重，為自己將來奪取朝廷大權保存力量。

他認識到面前這位窮書生非同凡響，過了好半天，抬起頭來，慢慢地說：「江東沒有人能比得上你！」

後來，桓溫終於退兵。臨行前，他送給王猛華麗的車子和優等的馬匹，又授予高級官職「都護」，請王猛一起南下。王猛到華山徵求老師的意見後，拒絕了桓溫的邀請，繼續隱居華山。

王猛這次拜見桓溫，本是想出山顯露才華，幹一番事業，最後還是打消了這個念頭。因為考察桓溫和分析東晉的形勢之後，他認為桓溫不忠於朝廷，懷有篡位的野心，未必能夠成功，自己投奔到桓溫手下，很難有所作為。

第二年，前秦苻健去世，繼位的是中國歷史上有名的暴君苻生。他昏庸殘暴，殺人如麻。苻健的侄兒苻堅想除掉這個暴君，於是廣招賢才，以壯大自己的實力。他聽說王猛賢良，就派當時的尚書呂婆樓去請其出山。

苻堅與王猛一見面就像知心的老朋友一樣，談論天下大事，雙方意見不謀而合。苻堅覺得自己遇到王猛，好像三國劉備遇到了諸葛亮；王猛覺得眼前的苻堅便是值得自己一生效力的對象，十分樂意留在苻堅身邊，積極為他出謀劃策。

公元三五七年，苻堅一舉消滅了暴君苻生，自己做了前秦的君主。王猛任中書侍郎，掌管國家機密，參與朝廷大事。36歲時，因才能突出，精明能幹，一年中連升五級，成了前秦的尚書左僕射輔國將軍、司隸校尉，幹出了一番轟轟烈烈的大事業，成為中國封建社會傑出的政治家。

三七五年，王猛因病去世，終年51歲。苻堅這時才38歲，為失去這位得力的助手，他十分痛心，經常悲傷流淚，不到半年，頭髮都斑白了。

古人說：「良禽擇木而棲，賢臣擇主而從。」歷史上多少有才能的人由於投錯了主人而遺恨終生。王猛同諸葛亮一樣，在動盪不安的形勢下，正確地選擇了自己的道路，所以才有他事業的成功，一生的輝煌。

10 姚廣孝一步登天，激流勇退

姚廣孝（一三三四～一四一八年），長洲人。因家貧，14歲剃度出家，當了和尚，法名道衍。洪武三十一年（一三九八年），朱元璋去世，皇太孫繼位後削除諸王兵權。燕王朱棣很有實力，姚廣孝以利害喻之，以相術惑之，使之起兵。朱棣終於在他的幫助下廢建文帝，奪得帝位。姚廣孝功成後不受高官，依然為僧，並以其超眾的文才，幫助解縉等纂修了世界上最早和最大的一部百科全書：《永樂大典》。

在古代社會，佛教盛行，和尚自然很多；歷代王朝，風雲變幻，政權交替，獻謀逞計者亦不可勝數；但集和尚和權謀家於一身者，可謂少之又少。因為這兩者是那麼不和諧。姚廣孝卻正是一個將兩種矛盾的角色集於一身的神祕而奇特的人物。

姚廣孝少年家貧，正趕上元末動亂，喪父又喪母，因隻身無依，四處流蕩，被好心的和尚引進山門剃度，法名道衍，字斯道。但緊閉山門，苦苦修行，絕不是他的心願。他本就聰明，少年敏求，善寫詩詞，豈能在山中隱遯一生？於是，他向道士席應真學習陰陽術數之學，並與詩人、文學家王賓、高啟、楊孟載等相交甚密。

明朝洪武年間，朝廷下詔，命精通儒術的名僧集於禮部考試，姚廣孝被選送應試。由於他才學出類拔萃，考試名列前茅，本可授予官職，但他不願受封，僅接受僧服之賜。然而歸返途中，經鎮江北固山，憑弔古蹟，緬懷古賢，姚廣孝為詩成篇，大發感慨。詩中欽羨古人建功立業，封侯做霸，一種意欲投身於政治鬥爭的激情已流露無遺。他的同行夥伴宗櫪聞之，也發覺：「此詩雖好，豈是釋門詞語？」

可見，姚廣孝拒不受官，並非想與塵世斷絕。他甚至連激烈的政治鬥爭也無所懼，還怕什麼？只不過是時機未到而已。姚廣孝之所以不肯輕易出仕，有著很深遠的考慮。若為小吏，終日忙忙碌碌，官場裡關係複雜，盤根錯節，自己沒什麼靠山，又是一個和尚出身，很難立足，升遷的機會絕無僅有，獲罪的風險卻時時存在，政治生命隨時都可能夭折。因而他要不動聲色地等待更加有利的時機到來。

時機終於出現。洪武十五年（一三八二年）八月，皇后馬氏死去，明太祖命選有道高僧侍奉諸王，為諸王誦經祈福。宗櫪此時官居左善世，因他對老朋友的才學頗為瞭解、欽佩，遂向明廷舉薦。姚廣孝這次沒有拒絕。這樣，他一下子就步入明王朝最高統治階層，可窺測方向，以圖一展其奇才大志。其間，他與太祖第四子朱棣相見交談，甚為投契，頓生相見恨晚之惑。

姚廣孝看出朱棣「智勇有大略」，正是他心目中尋覓已久的明主。如果能助朱棣成就大業，功名富貴豈不一蹴而就？因此他毅然跟隨朱棣北上，到達北平。

然而，明太祖在應天（今南京）通統全國，雄威尚在，以子逆父，天地不容，主意絕不能往這上面打。只有等朱元璋死後，再做籌謀。於是，姚廣孝極力攛掇朱棣想盡辦法，向朱元璋表示忠心和才能，希望朱棣能直接成為朱元璋指定的繼位者。

但是，北平距應天十分遙遠，朱棣想去應天，還得朱元璋批准，使者往返，又難盡己意。這對朱棣大為不利。姚廣孝建議先謀臣下，再謀近人，使君側盡為自己心腹。朱棣聽從他的計謀，遂派他攜重金收買籠絡宮理裡的各級官吏，連朱元璋最寵愛的妃子也被他收攏，常在朱元璋面前說朱棣的好話。姚廣孝之計果然奏效，朱元璋想讓朱棣繼位的意思也常常表現出來。

有一次，朱元璋的寵妃正誇獎朱棣，旁邊一個宦官忽然問道：「娘娘怎麼知道朱棣的事？他離京城這麼遠，誰告訴你的？」

朱元璋一聽，亦覺事出有因。雖然他仍以忤慢罪殺了那位宦官，卻從此對朱棣懷著戒心，再也不提讓他繼位的事。

洪武三十一年（一三九八年），朱元璋病死，皇太孫即位，是為建文帝。建文即位後著手削藩。姚廣孝勸燕王舉兵。從此，燕王朱棣的軍隊與朝廷軍隊展開了拉鋸戰，一打就是三年。這期間，燕王往往「親戰陣，冒矢石，以身先士卒。常乘勝逐北；然亦屢瀕於危……」所克城邑，兵去旋復為朝廷守。僅據有北平、保定、永平三府而已。」戰爭的膠著狀態，令朱棣十分著急，因為朝廷統治著大部分疆域，地廣人多，兵力充足，供應及時，而處於反叛地位的他，物資供應常靠掠取，兵源又少。長此以往，定將以失敗告終。他憂心忡忡，野心漸去。姚廣孝察覺到朱棣已明顯不滿自己，遂託病藏在家中，暗中思考著進一步的對策。

一天，朱棣到姚廣孝居所探病，一見姚廣孝滿面紅光，頗為氣憤，質問他，自己統兵征戰，何故他卻沒病裝病，躲在家裡？姚廣孝聽到質問，卻不回答，只是回問近來戰事如何。朱棣氣憤地訴說了近來的遭遇。姚廣孝聽完，微微一笑，說：「三年用兵，我已盡力。盡人之力，而不能取得更多地盤，不如放棄這個打算吧！」朱棣一聽，怒氣沖天：「難道你是說我該自縛家人，到應天請罪嗎？」姚廣孝急忙搖手，連說：「不然。」接著又問：「主公以為爭得一城一邑事大，還是得到江山事大？」朱棣被問得莫名其妙：「不得城邑，怎得江山？」

姚廣孝說：「三年來，我們在北平附近拔州克縣，雖無所成，但亦無所敗。朝廷昏庸，沒有能力威服我們，只限於擊東應東，擊西應西，把大部分兵力用來防守我們的進攻。主公請想一想，應天這個大本營會有多少兵力防守？」

朱棣聽言，眼前一亮，急忙問道：「依你看，該當如何？」姚廣孝肅容而起，手指南方：「毋下城邑，疾趨京師。京師單弱，勢必舉。」朱棣聞言，擊掌叫絕：「你何不早出此計，令吾空勞三載！」

姚廣孝說：「主公此言差矣！若早趨京師，京師有備，事不可成。遊蕩騷擾三載，才使朝廷大軍主力悉數北調，京師空虛。故曰，無此三戴之力，亦無今日之功也。」朱棣頷首，急令大軍南攻，假掠州縣，皆一戰即去。朝廷軍隊來援，報已離去，正自錯愕，又報朱棣大軍復來矣。

燕王大軍主力從建文帝三年（一四〇一年）十二月破釜沈舟，出師決戰，遠襲京師。第二年正月由館陶渡黃河，逼徐州。三月，設伏肥河，大敗平安軍。五月攻下泗州。此後克盱眙，趨揚州，迅速到達長江北岸，離應天僅一江之隔。而在北平一帶，朱棣僅留一部分軍隊佯攻騷擾各處。直到這時，應天朝廷才明白過來，然而回救已然不及。朱棣大軍甩掉了所有圍追之師，四、五個月便兵逿應天，出兵之速，運兵之神，令人匪夷所思。若無姚廣孝之謀，不知何年何月才到京城呢。建文根本沒有料到朱棣有此一舉，驚慌失措，割地求和。朱棣自然不予理會。六月，朱棣揮師自瓜州破江，圍應天。應天守將見建文大勢已去，開門獻城。應天失落，建文不知所終。

佯攻它處，卻以主力之師直襲空虛的京師，這一策略，抓住了建文的要害，成為朱棣奪取政權的關鍵性謀略。僅以此，姚廣孝不但可以位列朱棣王朝的功臣之首，也足以躋身於中國古代傑出謀略家的行列。建文帝四年六月，朱棣攻下應天，繼承帝位，改號永樂，史稱成祖。論功行賞，姚廣孝功推第一。

成祖即位後，姚廣孝位勢顯赫，極受寵信。永樂二年（一四〇四年）四月，拜資善大夫、太子少師。復其性，賜名廣孝。成祖與語，稱少師而不呼其名，以示尊寵。然而，當成祖命姚廣孝蓄髮還俗時，姚廣孝卻不答應；賜予府第及兩位宮人，他仍拒不接受。他只居住在僧寺之中，終生不娶妻室，不營私產，且將朝廷所賜金帛財物散給宗族鄉人。唯一致力於監修太祖實錄，還與解縉等纂修《永樂大典》。

永樂十六年（一四一八年）三月，姚廣孝84歲，病死。

姚廣孝超群的智謀確是應該加以研究。在明王朝初年那風雲變幻，驚心動魄的政治舞臺上，姚廣孝身披袈裟，口宣佛號，以和尚的身分為掩飾，殫精竭慮，策劃兵變，導演了一齣複雜而又尖銳的歷史大戲。他功高不受賜，終以僧歸西，反映了他對統治階級上層殘酷傾軋的清醒認識和明哲保身的老謀深算。晚年嘔心瀝血，著書立說，為中國文化做出了貢獻。然而，姚廣孝「偏要放下經卷，橫來招是搬非」，令朱氏叔侄相殘。天下百姓方患元末戰亂之苦，又招內亂之災，死人無數，血流成河，卻為他的智慧和謀略塗上了厚厚的陰影。

11 上善若水，柔能克剛

老子說：「上善若水，水善利萬物而不爭。」

水總是往下流注最卑微之處，在卑下的地方支持一切，與天道一樣恩澤萬物。水沒有固定的形狀。在圓形的器皿中，它是圓形；放入方形容器，又呈方形。但水可成滔天巨浪，摧枯拉朽，吞噬一切；可鑿岩穿石，水滴洞穿。它擁有絕對的力量，是至柔至剛的完美結合。

「柔」被弱者利用，可博得他人同情，很可能救己於危難之間。弱者之柔很少有害，往往是弱者尋找保護的一個護身符。

「柔」若被正者利用，則正者更正，為天下所敬佩。正者之「柔」，往往是為人寬懷，不露鋒芒，忍人所不能忍。

宋代的韓琦就是這方面的典範。韓琦曾經同范仲淹一道共行新政，北宋時長期擔任宰相，在戰場上從不妥協退讓。抵禦西夏時，曾有「軍中有一韓，敵人聞之心膽寒」的威名。但在為人處事上，他卻能做到柔韌不發，成熟練達。

有一年，韓琦與同僚王拱辰、葉定基等人在開封府主持科舉，王、葉二人經常為考生卷子的優劣爭得面紅耳赤。韓琦生性好靜，並不惱火，只是聽而不聞，視而不見，坐在桌前專心判卷。沒想到人不找事兒事找人，王拱辰氣韓琦不幫自己說話，跑過來對他嚷道：「我說，你是在這裡練習氣度哪？」韓琦聽了這帶刺的話，不但不生氣，反而趕緊好言好語地賠不是：「實在抱歉！不知你們在爭論什麼事啊？」

同處一室，另二人大聲爭吵，韓琦不可能沒聽到。但是，當那二人吵得像鬥紅了冠子的公雞時，他該向著哪一方？無論向著誰，另一方都必定不高興。這不，韓琦還沒有張嘴，王拱辰已經跳過來向他吹鬍子瞪眼了。出人意料的是，韓琦居然給鬧事者賠了不是。這樣一來，看你還有何話可說。當時王、葉二人都蔫了。事後，韓琦耐心地做了二人的工作，很容易就把事情解決了。

韓琦在定武統率部隊時，夜間伏案辦公。一名侍衛拿著蠟燭為他照明，不小心走了神，蠟燭燒了他的頭髮。他沒說什麼，只是急忙用袖子蹭了蹭，又低頭寫字。

過了一會兒，一回頭，發現盒蠟燭的侍衛換人了。韓琦怕主管侍衛的長官鞭打那個侍衛，就趕表把他們召來，當著他們的面說：「不要替換他，因為他已經懂得怎樣拿蠟燭了。」

軍中的將士知道此事後，無不感佩。

按理說，侍衛拿蠟燭照明時不全神貫注，把統帥的頭髮燒了，就是失職，韓琦責備一句也是應該，即使不責備，挨燒時「哎呀」一聲也難免。可他不但忍著疼沒吱聲，發現侍衛換了人，還怕侍衛受到鞭責，極力替其開脫。他這種容忍比批評和責罰更能讓士兵改正缺點，盡職盡責，對他不肝腦塗地才怪呢？而且他統率的是一個大部隊，事情雖小，影響卻大，上上下下一知曉，誰不願為這樣的統帥賣命呢……

韓琦鎮守大名府時，有人獻給他兩隻出土的玉杯。這兩隻玉杯表裡毫無暇疵，是稀世珍寶。韓琦非常珍愛，送給獻寶人許多銀子。每次大宴賓客，他總要專設一桌，鋪上錦緞，將那兩隻玉杯放在上面使用。

不幸，有一次在勸酒時，這兩隻杯被一個官吏不小心碰到地上摔個粉碎。在座的官員都驚呆了。碰壞玉杯的官吏更嚇得發傻，趴在地上請罪。可韓琦毫不動容，笑著對賓客說：「大凡寶物，是成是毀，都有一定的時數。該有時它就出來了；該壞時，誰也保不住。」說完又轉過臉對趴在地上的官吏說：「你偶然失手，並非故意，有什麼罪呢？」

這番話說得十分精彩！玉杯已經打碎，無論怎樣，也不能復原，叱罵、責打一頓肇事者，徒然多了一個仇人，眾賓客也會十分尷尬，好端端一場聚會必然不歡而散，也大損自己的形象。而他此言一出，立刻博得眾人的讚歎，肇事者對他更是感激涕零，大概給他做牛做馬也心甘情願。這就叫作會處事。

元代吳亮在談到韓琦時說：「韓琦器量過人，生性淳樸厚道，不計較疙疙瘩瘩一類的小事。功勞天下無人能比，官位升到臣子的頂端，但不見他沾沾自喜；他所擔任的責任重大，經常在官場的不測之禍中周旋，也不見他憂心忡忡。不管遇到什麼情況，他都能泰然處之，不被各類事物牽著走，一生不弄虛作假。被重用，就立於朝廷與士大夫輩公平議事；不被重用，就回家享受天倫之樂。一切出自真誠。」

「柔」還有可能被奸者、邪者所利用。這就很可能是天下之大不幸。他們往往欺下罔上，無惡不作，在強者面前奴顏婢膝，阿諛奉承，在弱者面前盛氣凌人，欺橫霸世。他們以「柔」掩蓋真實的醜惡嘴臉，讓人看不到他們的陰險毒辣，然後趁你不注意，狠狠地戳你一刀。這是最可怕的。

柔並不等於弱，剛也並不一定等於強，關鍵在於人怎麼恰到好處地利用它。

柔中含剛，剛中存柔，剛柔相濟，不偏不倚，才是智者處世的正宗。這一理想化的處世方式，一個小小的太極圖表現得最為形象。在一個圓圈中有一隻白色的陽魚和一隻黑色的陰魚，陽魚頭抱陰魚尾，陰魚頭抱陽魚尾，互相糾結，渾融婉轉，恰成一圓形，無始無終、無頭無尾、無前無後、無高無下。最妙的是陰魚當中有陽眼，陽魚當中有陰眼，相互包容、相互蘊含、相互激發、相互轉化而又相互促生。

12 劉秀借「柔道」而有天下

在中國歷史上，能夠自始至終貫徹「柔道」的人，當數東漢光武帝劉秀，他不僅在為人處世上以「柔」為主，在政治、軍事諸方面也都體現出這種精神。應該說，他是以善玩「柔道」而取得巨大成功的中興皇帝。

劉秀生於公元前6年12月，是漢高祖劉邦的九世孫。其父劉欽是南頓縣令。在他9歲時病故。此後，劉秀與哥哥劉縯被叔叔收養。據說劉秀身長七尺三寸，美鬚秀目，大口隆鼻，生有帝王相。劉縯獨有大志，好養俠客；劉秀則好稼穡傭耕。一次，到親戚家做客，賓朋滿座，貴客雲集。主人蔡少公精通圖讖之學，在述及讖語時說：「將來劉秀必為天子。」原來王莽的大臣劉精通讖文，故改名為劉秀，大家也以為蔡所言是大臣劉秀。誰知座上忽起笑聲：「怎見得不是我？」大家回頭一看，竟是劉縯的弟弟劉秀，不禁一陣哄堂大笑。

劉秀思慮謹密，言語不苟，與人相交，也不記小怨，喜怒哀樂不形於色。史書上曾稱讚他為人「謹厚」。在他28歲的時候，王莽的「新政」很不得人心，加上天災人禍，各地農民紛紛起義，尤其是綠林、赤眉兩支起義軍，聲勢浩大，直可與王莽軍一較高低。在這種風起雲湧的形勢下，劉秀藉南陽一帶穀物歉收，與兄劉縯謀劃起義，得眾七八千人。

劉氏兄弟起義後，逐漸與當地的其他起義軍匯合，一度併入綠林軍。公元23年2月，綠林軍為了號召天下，立劉秀的族兄劉玄為帝，年號更始，綠林軍的勢力得到迅猛的發展，以致王莽「一日三驚」。王莽糾集新朝主力約四十萬人，號稱百萬，派大司空王邑、大司徒王尋率領，直撲綠林軍。劉秀等人放棄陽關，率部退守昆陽。

昆陽守軍只有八、九千人，敵人則連營百里，勢力太過懸殊。有些人主張分散撤出。劉秀堅決反對，認為並力禦敵，尚有保全的希望；如果分散突圍，必被包圍，消滅。他親自率領十三騎趁夜衝出南門求救，說服了定陵、郾城等地的起義軍，親率精兵數千人偷渡昆水，突襲敵人，使敵人手忙腳亂，陣腳不穩，終致大敗。昆陽之戰是中國軍事史上以少勝多的光輝範例，也為起義軍推翻王莽政權奠定了基礎。

但不久起義軍內部發生分裂，劉縯被殺。因為自打敗王邑、王尋的軍隊以後，劉縯、劉秀的威名日盛，遭到另一派起義軍將領的嫉妒，加上劉縯當初曾反對立劉玄為帝，奸人正好藉此進讒，說劉縯不除，終為後患。劉玄懦弱無能，並無主張，聽了人言，就準備伺機發動。

劉玄藉犒軍之機，大會群將。其時劉縯在列。劉秀領兵在外，未得參予。劉玄見劉縯腰佩寶劍，故意說有些奇異，要他獻上來觀看。劉縯並無防備，把寶劍呈了上去。劉縯的部下見事情不對，暗為劉縯著急。劉玄也的確是想藉劉縯獻劍之機，指他行刺，以便拘捕。但劉玄手裡拿著寶劍，欲猶豫起來。欲殺劉縯的諸將忙使人獻上玉玦。「玦」與「決」同意，是仿效范增催促項羽殺劉邦的故事，催劉玄快點決斷的意思。但劉玄還是沒有下令逮捕劉縯。回去以後，劉縯和諸將談起這件事，都覺得劉玄無能，不足為慮，一笑作罷。

不久，劉玄要殺曾不同意立他為帝的將軍劉稷。劉縯知道跑到劉玄面前據理力爭。劉玄理屈詞窮，不能作聲。有些將領趁機鼓動劉玄拿下劉縯。劉玄的「拿」字剛一出口，劉縯即被拿下，並立刻推出斬首。

劉秀當時正在父城，聽到哥哥被殺，十分悲痛，大哭了一場，立即動身來到宛城。見了劉玄，他並不多說話，只講自己的過失。劉玄問起宛城守城的情況。劉秀歸功於諸將，一點也不自誇自傲。回到住處，逢人弔問，也絕口不提哥哥被殺的事。他既不穿孝，也照常吃飯，與平時一樣，毫無改變。劉玄見他如此，反覺得有些慚愧，遂拜其為破虜大將軍，封武信侯。

其實，劉秀因兄長被殺，萬分悲痛，此後數年，想起此事，還經常流淚歎息。但他知道當時尚無力與平林、新市兩股起義軍的力量抗衡，所以隱忍不發。他的這次隱忍，既保全了自己，又在起義軍中贏得了同穩和信賴。

等到起義軍殺了王莽，迎接劉玄進入洛陽，劉玄的其他官屬都戴著布製的帽子，形狀滑稽可笑，洛陽沿途的人見了，莫不暗暗發笑。唯有司隸劉秀的僚屬都穿著漢朝裝束，人們見了，都喜悅地說：「不想今日復見漢官威儀。」於是，人心皆歸劉秀。

劉玄定都洛陽以後，便欲派一位親近而又有能力的大臣去安撫河北一帶。劉秀看到這是一個發展個人力量的大好機會，便托人往說劉玄。劉玄同意了他的請求。劉秀就以更始政權大司馬的身分前往河北，開始了擴張個人勢力，建立東漢政權的活動。

當時的河北有三股勢力，最大的是王郎。他自稱是劉邦的後代，號召力很大。其次是王莽的殘餘勢力。再次是銅馬、青犢等農民起義軍。劉秀在河北每到一地，必接見官吏，平反冤獄，廢除王莽的苛政，恢復漢朝的制度，釋放囚犯，慰問饑民。他所做之事，都順應民心，因而官民喜悅。

劉秀初到河北，兵少將寡，地方上各自為政，無人聽他指揮，雖能「延攬英雄，取悅民心，立高祖之業」，畢竟沒有大量軍隊。他為王郎所追捕，曾多次陷入窘境。後來，他逐漸延攬了鄧禹、馮異、寇恂、姚期、耿純等人才，又假借當地起義軍的名義招集人馬，壯大聲勢，並聯合青都、上谷、漁陽等地的官僚集團，才算站穩了腳。

由於他實行「柔道」政策，服人以德不以威，眾人一旦歸心，就趨於穩定。他相信：「柔能制剛，弱能制強。」多以寬柔的「德政」收攬軍心，很少以刑殺立威。這一點，在收編銅馬軍將士時表現得最為突出。

當時，銅馬軍投降，劉秀就「封其渠帥為列侯」。但他所統領的漢軍將士對銅馬軍很不放心，認為他們既屬當地民資，又遭攻打殺掠，恐怕不易歸心。銅馬軍將士很也不自安，恐怕不能得到漢軍的信任而被殺害。在這種情況下，劉秀竟令漢軍各自歸營，自己一個人騎馬到銅馬軍營，幫他們一起操練軍士。銅馬將士議論：「蕭王（劉秀）如此推心置腹地相信我們，我們怎能不為他效命？」劉秀直到把軍士操練好，才把他們分到各營。銅馬軍受到劉秀如此信任，都親切地稱他「銅馬帝」。

在消滅王郎以後，軍士從王郎處繳收到許多議論劉秀的書信，如果究查起來，會引起一大批人逃跑或造反。劉秀連看都不看，命令當眾燒掉。此舉起到了「令反側子自安」的效果，使那些惴惴不安的人下定決心跟他到底。

公元25年，劉秀勢力已十分強大，又有同學自關中捧赤符來見，說他稱帝是「上天之命」。為此，劉秀便在諸將一再請求下稱帝，年號建武。稱帝之後，便是和原來的農民起義軍爭奪天下。此時，他仍貫徹以柔道治天下的思維。這對他迅速取得勝利起到很大的作用。

劉秀極善於調解將領之間的不和，絕不讓他們相互鬥爭，更不偏袒。賈復與寇恂有仇，大有不共戴天之勢。劉秀把他們叫來，居間調和，善言相勸，使他們結友而去。對待功臣，劉秀絕不遺忘。征虜將軍祭遵去世，劉秀悼念尤勤，甚至其靈車到達河南，他還「望哭哀慟」。中郎將來歙征蜀時被刺身死，他竟乘著車子，帶著白布，前往弔唁。這種發自內心的真誠，確實贏得了人心。

劉秀實行輕法緩刑，重賞輕罰，以結民心。他一反功臣封地最多不過百里的古制，認為：「古之亡國，皆以無道，未嘗聞功臣地多滅亡者。」他分封的食邑最多者竟達六縣之多。至於罰，非到不罰不足以毖後時候才罰；即便罰，也儘量從輕，絕不輕易殺戮將士。鄧禹稱讚他「軍政齊肅，賞罰嚴明」，不為過譽。

在中國歷史上，往往是「飛鳥盡，良弓藏；狡兔盡，走狗烹；敵國滅，謀臣亡」，唯獨東漢的開國功臣皆得善終。就這一點，就足以說明劉秀「柔道」治國的可取性。劉秀在稱帝之前就告誡群臣，要「在上不驕」，做事兢兢業業，如履薄水，如臨深淵，日慎一日。在後來的歲月，他一直始終如一地自戒戒人。這種用心良苦的告誡，雖不能從根本上扭轉封建官場的習氣，畢竟起到一定的作用。

劉秀以「柔道」興漢，少殺多仁，不論是軍事、政治還是外交等方面，都治理得很好。

第6章 當斷則斷，才能成大事

韓信遭胯下之辱，他能夠忍受，厚的程度，不在劉邦之下。無奈對於黑字，欠了研究。他為齊王時，果能聽蒯通的話，當然貴不可言，他偏偏繫念著劉邦解衣推食的恩惠，冒冒昧昧地說：「衣人之衣者，懷人之憂；食人之食者，死人之事。」後來長樂鍾室，身首異處，夷及九族，真是咎由自取。他識誚項羽是婦人之仁，可見心不黑，做事還要失敗的。這個大原則，他本來也是知道的，但他也在這裡失敗。這也怪不得韓信。

——李宗吾

1 述律皇后快刀斬亂麻

公元九二六年7月，一生戎馬征戰的遼太祖耶律阿保機駕崩於扶餘城（今遼寧開原市），國家大政一下子落到皇后述律平的肩上。翌日，「皇后稱制，權決軍國事。」述律平從容不迫地將丈夫阿保機的靈柩運回。

阿保機的死，使剛烈的述律平在情感及心理上遭受了很大的打擊與刺激，甚至似乎變得有些精神變態。

據《契丹國志》記載：阿保機死後，傷心過度的述律平「召諸酋長妻，謂曰『我今寡居，汝不可不效我。』又集其夫，立問曰：『汝思先帝乎？』對曰：『受先帝恩，豈得不思！』後曰：『果願之，宜往見之。』遂殺之。」述律平陷入一種殘忍血腥的瘋狂中，一口氣殺了百餘大將，人為地製造出百餘個同她一樣的新寡婦。這種陰暗變態的瘋狂舉措，真叫人毛骨悚然。

最後，欲殺乾州人趙思溫。聰明的趙思溫死活不肯去阿保機的墓前送死。述律皇后問道：「你與先帝曾非常親近，為什麼不去？」趙思溫回答：「要說與先帝最親近的，誰能與皇后相比？如果皇后在前面先行，那麼為臣也就不敢有所推辭了。」述律皇后說：「我並非不想隨先帝於地下，只不過因為當今皇嗣幼弱，國家無主，不能就此甩手，置國家社稷於鎮顧。」於是砍下自己的一隻手腕，置於阿保機墓中。趙思溫也因此得以倖免。

述律皇后的屠殺，在其失去理智，瘋狂殺戮的表象下面，實際上掩藏著一種叫人瞠目心駭，目的明確、步驟縝密的理智與冷靜。這種「借酒撒瘋」式的屠殺，實際上是述律平日後弄權，廢立太子的一個必要鋪墊。述律平所殺者盡是當年追隨太祖，久經沙場，手握重兵，日後足以對她構成威脅的戰將。不僅如此，以後每當耳邊有了不馴或狡詐的人時，述律平就對親兵說：「替我到先帝的墓所通報一聲，然後殺了他。」

當一場空前的大屠殺伴隨著隆重的遼太祖耶律阿保機的下葬典禮基本完畢後，新寡的述律平便開始冷靜地著手解決皇嗣繼承的問題。

按照正常程序，接下來就該是太子耶律突欲入承大統了。突欲是太祖阿保機與述律平的長子，自幼聰敏好學，外寬內摯，神冊元年（九一六年）即被冊立為太子，一向跟隨太祖東征西討，阿保機十分看重。為防疆場上遭到不測，特意讓他留守東丹國，為人皇王。眾臣皆知太祖之意，心中早已將他視作未來的皇帝。

然而，述律平卻一心要將自己喜歡的二兒子耶律德光立為新皇。德光少時即有雄才大略，史稱其「貌嚴重而性寬仁」，經常隨同父母參預軍國大計。天贊元年（922年）出任大元帥，獨立率兵南征已戰，立下赫赫戰功，成為契丹國的主要軍事統帥。述律平很可能暗中已將兩個兒子的優劣做過一番比較，一向注重軍事的她，對「性好讀書，不喜射獵」，知識分子型的太子突欲顯然並不滿意，認為國家正在草創，需要的還是次子德光這種長於軍事的領袖人物。

儘管事先已殺了一大批重臣將領，但述律平欲廢太子，重立次子的動意還是遭到巨大的阻力。對此，她主意已定，並不退讓，且再次玩弄手中的權柄，對那些老臣，或殺、或抓、或威脅，進行了強力的壓服。為了威懾諸臣，就連她的弟弟蕭敵魯的妻子（蕭翰的母親）也「無罪」而被殺。一向以建言勸諫著名的大臣耶律鐸臻，述律平嫌他太多嘴，索性將他囚禁起來，並誓言：「哪一天鐵鎖腐朽了，就把你放出來。」而耶律鐸臻的弟弟突呂不，雖然文武雙全，屢立戰功，也因述律平對他心懷疑心，心懼而逃走。

述律平雖然使用血腥的高壓手段，壓制住了反對派，可是耶律突欲已被立太子於前，突然廢掉，師出無名。於是她想出了一個不以法定儲君為原則，改用選舉制度的說詞。她對手下諸將說：「我對兩個兒子都愛，可是立哪個作皇帝好呢？現在看你們的意見了。我讓兩個兒子都乘馬立於帳前，你們可選擇心中認為堪承大寶者一人。假使認為質人可立，即近前執其馬轡。」諸將心裡明白，懾於她的威勢，誰敢忤逆？於是一致爭執耶律德光的馬轡，高呼：「我等願事大元帥。」述律平立即滿臉掛笑地說：「既然是大家一致要立德光，我也不能違反眾意。」

皇太子耶律突欲眼睜睜瞅著皇位離他而去，卻似乎並沒有什麼激烈的反抗。迫於形勢，他不得不自認倒楣，打碎鋼牙，吞到肚裡，甚至還做出姿態，表示自願讓賢於弟弟耶律德光。

公元九二七年11月，耶律德光正式登基，群臣上尊號嗣聖皇帝，是為遼太宗，述律平為應天皇太后。

最為淒慘的要算是耶律突欲。耶律德光為了羈縻這位做不到皇帝的哥哥，數度御駕親臨人皇王府第。突欲提心吊膽地回到東丹國，太宗又派了衛士跟著他，窺其動靜。後另建東平為南京，遷突欲居之。突欲忍氣吞聲，做出心甘情願的樣子，起書樓於西宮，作《樂田園詩》以明志，表現出絕無政治企圖的模樣，以防弟弟效法當年唐太宗李世民殺哥哥太子李建成的故技。

後唐明宗李嗣源知道契丹內部發生皇位爭奪的磨擦，認為正是削弱契丹的機會，便遣使跨海至東丹，遊說突欲奔唐。突欲正愁著沒地方躲避，難得唐明宗邀納，就留下一首詩而去。詩云：「小山壓大山，大山會無力；羞見故鄉人，從此投外國。」

不知述律平得知大兒子投奔他國的消息後，是何等心情？她心底十分清楚，是自己將親生兒子擠兌得走上這條叛國之路。雖然這不是她的本意，但既成事實的傷害與無可奈何的事態無可逆轉。身為母親，還有比母子反目更悲慘的嗎？為了契丹的社稷，她不但犧牲了一隻手腕，還失去了一個兒子。然而，對她這樣一位性格剛毅的女政治家而言，或許這一切都是值得的。

述律平自太祖死後，親自執政了一年半時間，透過殺戮、調整，終於渡過一次次政治危機，完成了國家大寶繼承的過渡，如願以償地將二兒子推上皇帝之位。此後，她以應天皇太后之身退居二線。不過，太宗執政20年間，她始終以幕後總顧問的面目，對朝綱大政方針施加影響。太宗對母親也十分尊敬，事必「奏太后」。述律太后實質上還是契丹國最高決策人。

述律平當初棄太子突欲，扶立次子德光為帝的用意，正是要選擇一位崇尚武力，能使契丹繼續發展的「馬背上的皇帝」。而遼太宗耶律德光果然不負母親的殷望，即位後便繼承太祖的餘威，繼續對外進行了一系列卓有成效的外交、戰略攻勢，將契丹國又領上一個強盛發展的新臺階。

2 金海陵嗜殺穩政局

金代的海陵王完顏亮本是一個具有非凡才智的皇帝，只因他欲火橫流，不僅沒能成就一番事業，最終甚至身敗名裂。完顏亮是遼王完顏宗幹的次子，其母人氏是宗幹的側室。他自小聰敏好學，其母又具有良好的文化素養。但由於是庶子，常遭正室徒單氏的歧視，他就不得不委屈求全，以求自保。這段青少年時期的經歷，造就了他既早熟持重，遇事謹慎又猜忌殘忍、城府莫測的性格。

公元一一四〇年（金天春三年），完顏亮18歲，由於父親的庇護，被金熙宗封為奉國上將軍。其後官職屢得升遷。不久，父親宗幹病逝，完顏亮失去了靠山。幸虧他自小養成了善於察顏觀色，見風使舵的性格，所以仍能同王公大臣處理好人際關係，甚至做到左右逢源。他把小時候趨奉徒單氏的本領運用到官場之上，頗見效果。

一次，熙宗跟他談論太祖開創金國基業的艱難經歷，他裝出一副極受感動的樣子，涕泣不止。他的態度讓熙宗大覺難得，把他依為干城。因此，他的官位仍然不斷上升，權勢越來越重，由光祿大夫、中京留守、尚書左丞、左丞相、右丞相、太保，到領三省事兼都元帥，可以說是金熙宗時期首屈一指的大權臣。

完顏亮雖大權在握，但並不能掌握自己的命運，因為金熙宗既昏庸猜疑，又殘忍好殺，弄得他事事如臨深淵、如履薄冰。一次，完顏亮過生日，金熙宗賞賜了他很多禮物。皇后聽說，也來賞賜禮物。這本來是很正常的事，但因熙宗與皇后不和，就大發雷霆，並怒打賜物使者，奪回賞品。這件事使完顏亮驚懼不已。他深知，熙宗反覆無定，喜怒無常，做事不講規則，自己說不定什麼時候就會被他殺死。又有一次，完顏亮被政敵誣告，說他指使他人誹謗熙宗。結果熙宗不問青紅皂白，把他貶出朝廷。完顏亮只好出京，從中京往南，前往貶所。但只走到良鄉（今北京市房山縣），熙宗又派使者把他追回。完顏亮不知何故，十分恐懼。但除了聽命返回以外，別無它法。等他返回朝廷，才知熙宗已回心轉意，把他任命為平章政事。

這種朝不保夕的宦海生涯促使完顏亮下決心除掉熙宗。就在這時，平章政事秉德，右丞、駙馬唐括辨，大理卿烏帶等多位重臣因事被杖責，俱各心懷鬱憤。完顏亮就找到他們，與他們商議廢掉熙宗的大計。計議已定，又用計讓熙宗殺掉一些忠於他的大臣。於是，朝尚之上再也無人肯替熙宗效忠了。公元一一四九年12月9日，完顏亮透過內應，帶入闖入熙宗的臥室，殺死了熙宗，然後在熙宗的血泊中即位。

為了消滅異己，完顏亮嚴密封鎖熙宗被殺的消息，當即詐傳熙宗聖旨，以召集眾大臣立后為由，要眾臣到朝堂上商議。眾臣絲毫不知就裡，匆忙到來。完顏亮已埋伏武士，在朝堂之上捉住了曹國王宗敏、右丞相宗賢，立刻處死。其後封秉德、唐括辨為左、右丞相，烏帶為平章政事，下令改元天德。

完顏亮奪權後的第一件事就是誅殺熙宗一支的宗室，以穩定自己的權力。當時，太宗一支（即熙宗一支）的子孫在全國各地掌握軍政大權，勢力很大，如果不早早剪除，日後必定會起兵造反。在這種情況下，完顏亮決定製造藉口，誅除熙宗一支。他先與宗本的好友中書令蕭玉聯繫，授意他誣告宗本謀反。蕭玉在完顏亮脅迫下，不得不從，只好誣告宗本，說秉德在去外地做官時曾與宗本密約日期，欲裡應外合，除掉完顏亮。完顏亮拿到這一「證據」，便派人前去宣召宗本，說是皇上將開一次打馬球的盛會，要大臣前往參加。宗本並未料到完顏亮會加害自己，便與宗美一起前來。因兩人實在未曾準備謀反，所以完顏亮也不審問他們，只是將他們立即處死。

在除掉這兩個最有權勢的熙宗宗室之後，又殺了東京留守宗懿、北京留守可喜、益都尹畢王宗哲等人，還派唐括辨殺死秉德，甚至連最老實無能的東京留守宗雅也不放過，他們的家屬亦被殺死。這樣，太宗子孫七十餘人被殺，宗翰子孫三十餘人被殺，兩支宗室無一倖存。透過這次駭人聽聞的大屠戮，完顏亮基本上消滅了能同他競爭皇位的宗室力量，才覺得可以「穩坐江山」了。

3 朱元璋喜怒無常

喜怒無常，有二層意思：一是指翻臉不認人，昨天把你當成朋友，今天就可能把你視為敵人；一是指不可捉摸，揣摩不透。

喜怒無常，是古代那些無道昏君的典型性格。事實上，有作為的君主也難免喜怒無常，令人捉摸不定。他們可能把刺殺過他們的仇人任為高官，也可能把自己最親密的朋友殘酷殺害。有時你吹捧他，他會很高興；讚美他，卻又可能被殺頭。一切都以他個人當時內心的需要為評判標準，以利於他的統治為最高原則。

君主這種「神祕莫測」的特性，源於對皇權壟斷的特別占有欲，以及這種極端權力可能被奪的高度恐懼感。封建社會，君臣關係完全為利害、血淚、仇殺關係所籠罩，制度化的力量、道德倫理的制約，收效微乎其微，最高權力者只有依賴這種殘酷、無常的皇權進行控制。

喜怒無常，表現於當事者的臉面或行事。這種喜和怒大多不可捉摸。

對於專橫跋扈的君主，視臣屬如草芥，順我者昌，逆我者亡，難以容忍臣屬擁有自己的獨立人格和個人主見。對喜怒無常的君主來說，臣屬更是他們濫施淫威、肆意凌辱的對象，臣屬動輒得咎，戰戰兢兢，如覆薄冰，「伴君如伴虎」。

這種情形不僅表現於君臣之間，在內僚政治各個層次的上下級關係中也程度不同地存在。

喜怒無常、酷愛殺人、濫施酷刑的朱元璋，到了晚年，更是亂開殺戒，將廷杖之刑引入朝堂，經常有朝臣被杖斃在朝堂之上，使得滿朝文武極度恐怖，人人自危，個個提心吊膽。上朝時，如果朱元璋將玉帶掀到肚皮底，就是要大開殺戒的信號，滿朝官員都嚇得面無人色，不住發抖；如果玉帶高貼於胸前，就表示不會多殺人。朝官每天上朝離家前，都事先和妻子訣別，吩咐後事。這天如果活著回來，便合家慶賀，算是又多活了一天。

朱元璋喜歡在詩文中吹毛求疵，斷章取義，尤其是從諧音字、同音字中發現「特大的政治陰謀」，從而製造冤獄，殺害無辜。他做過和尚，髮禿如瓢，光亮得很，從而「光」、「亮」、「生」（同「僧」）、「禿」諸字絕不許用；他是農民軍造反出身，不許提「賊」字，甚至「則」與賊同音，也在忌諱、禁止之列，違者格殺勿論。

杭州學府教授徐一夔上書頌揚，說朱皇帝實乃人倫之表率，眾生天生的領袖，千古一帝。其中有一句說：「光天之下，天生聖人，為世作則。」這一下馬屁拍到了馬腿上，捅了馬蜂窩：「『光』諷指光頭、『生』譏我當過和尚，『作則』是挖苦我曾經作賊。如此亂臣賊子，竟敢直言咒罵孤王，殺！」於是徐一夔被莫名其妙地殺掉了。

中書詹希原，一次奉朱元璋詔令，要他在太學門前寫一個匾額「集賢門」。或許詹希原是個書法家，想在這人才濟濟的地方露一手，就在「門」字上玩了一個花樣，左邊一直微微鉤起。朱元璋一見，看到了另外的「大陰謀」，怒斥道：「我是要招賢才治國，你這不是想閉門，阻塞我招賢的門路嗎？」於是，詹希賢成為刀下鬼。這筆血腥的一「鉤」，改用白粉除掉。

他這看似無理的行徑，其實自有更深層的考慮：他寧肯讓人認為他喜怒無常而懼怕他，也不讓人摸透他的心思而為所欲為。

4 劉邦善抓把柄

項羽率楚軍進攻漢王劉邦，破滎陽後，進逼成皋。早有探馬前來報信。劉邦心頭不由一驚，心想：滎陽已丟失，要是成皋再被攻破，恐怕就不會像上次撤離滎陽那樣，有第二個紀信代替自己去死了。思前想後，他決定棄成皋而去。

劉邦離開不久，項羽隨即占領成皋。

劉邦要去哪兒呢？他率領夏侯嬰等人，打算到北面的修武縣和韓信、張耳會合。

劉邦等人趕到修武附近的小修武住了一晚。第二天清晨，天濛濛亮，他便起了個大早，拉著夏侯嬰直奔韓信、張耳的軍營而來。營門口的哨兵不認得劉邦，不知他從哪兒來，不敢放他進去。劉邦隨口就說自己是漢王使臣，奉命來此，有急事通知。哨兵一聽是漢使，當然不敢阻攔，只說韓信還沒起來，要入營報告。劉邦也不多囉唆，拔腿就往內帳而入。那些韓信身邊的人都認得劉邦，慌忙向前行禮。劉邦向他們擺擺手，讓他們不要聲張，自己快步走進韓信的臥室。

韓信還大夢未醒，一點都沒察覺。劉邦悄悄走到臥榻邊，見案上放著將印、兵符，當即拿在手裡，迅即出了帳門，令軍吏召集眾將。眾將以為韓信點兵，立即前來，沒想到眼前站著的不是大將軍，卻是漢王劉邦，個個都十分驚愕，卻也不敢細問，只得行跪拜禮。

待劉邦把眾將的職責分派完畢，方見韓信、張耳慌慌張張地出來。兩人一見劉邦，立即伏地請罪：「臣等不知大王駕到，有失遠迎，罪該萬死！」

劉邦微微一笑：「這也沒什麼死罪！不過，軍營裡應該嚴加防備，以防不測。況且天已大亮，更應早起。睡得這麼死，連將印、兵符都會丟失，假如真有敵人突然前來，怎麼抵禦？若有刺客混進來，恐怕腦袋都會被人割去，豈不是危險萬分？」

韓、張二人羞愧滿面，無言以對。劉邦轉了個話題，問起怎麼還未攻齊。朝信把趙地未平等情況做了彙報，並提出讓劉邦坐鎮軍中，他自己率軍伐齊，然後乘勝再與劉邦會合擊楚。此計正合劉邦心意，遂按此辦理。

韓信是著名的大將，他每次取勝，都是靠計謀，很少把治軍放到心上。平時，他對部隊的訓練、管理並不十分在意，所以在劉邦「突襲」之前，出了這麼個大洋相。

劉邦的「突襲」，一來抓到韓信的薄弱環節，二來提高了自己的威嚴，三來為今後更有效地控制韓信找到了口實。

這種做法，當主帥、主官的人經常使用，可說是一種行之有效的統御術。

5 劉邦鳥盡弓藏誅韓信

韓非子曾經講過這樣一段發人深醒的話：「不要使別人太富有，弄得自己向他借貸；不要使別人太顯貴，弄得自己反受逼迫；不要太寵信一個人，弄得自己丟了都城和國家。小腿粗於大腿，不能快走。君主失去神明變化，就會有老虎跟隨在後。

「身為君主，要經常修剪樹木，不使樹枝繁茂。樹枝繁茂，將會堵塞官府的大門，充實私門，掏空朝廷，蒙蔽君主。經常修剪樹木，不讓樹枝向外伸展。樹枝向外伸展，將危及君主。」

劉邦除穩了江山之後，看到韓信握有重權，並且深得軍心，不由得食不甘味，輾轉難眠。他宴請群臣，面對臣下的恭賀，也憂心忡忡。

張良察顏觀色，明白他是因害怕功高之人今後難以駕馭，就私下對韓信說：「你是否記得勾踐殺文種的故事？自古以來，只可與君主共患難，不可與其同享福。飛鳥盡，良弓藏；狡兔死，走狗烹。前車之鑑，後車之師啊！我們要好自為之。」

於是他自己激流勇退，見好就收，請求回鄉養老。劉邦故作戀戀不捨狀，再三挽留，最後封其為留侯。

張良功成身退，終於保身全名，可謂具先見之明。

韓信儘管認為張良的話有道理，但他對劉邦仍抱有幻想：自己當初曾捨命救過他。可是不久，便有好佞之臣誣告韓信恃功自傲，不把君主放在眼裡。

那是項羽烏江自刎之後，楚將鍾離昧拼死殺出重圍，逃到韓信處避難。因為韓信與鍾離昧是生死之交，就偷偷地把他藏了起來。劉邦知道此事後，疑韓信懷有二心，決心除掉他。

可是要除掉韓信，不是那麼容易。於是，劉邦設了一個圈套，要讓韓信自投羅網。他以巡遊為藉口，說要到楚地的雲夢（今湖北安陸）去打獵，派信使通知各諸侯王到陳地會合。這使的是調虎離山之計，為的是把韓信從封地中騙出。一旦他脫離靠山——軍隊和幫地，就不愁沒有機會下手了。

韓信聽到這個消息，很害怕。但他明知前面有陷阱，也不得不硬著頭皮前往陳地謁見劉邦。為了保全自己，不讓劉邦找到藉口抓他，他權衡再三，最終還是逼著好友鍾離昧自殺了。然後他提著鍾的首級往見劉邦，想以此表明他對劉邦的忠誠。

然而，欲加之罪，何患無辭？韓信一走進劉邦的駐地，兩邊武士就一擁而上，把他五花大綁，押到劉邦座前。韓信很不服氣，一邊掙扎一邊大叫：「皇上，微臣鞍前馬後跟隨你這麼多年，南征北戰，出生入死，才打下漢朝江山，何罪之有？」

此時，劉邦也看到定韓信以謀反罪，確實證據不足，難以服人。於是他假惺惺地怒喝武士，親自下來為韓信鬆綁。然而，他還是藉機解了韓信的軍權。

至此，韓信終於心灰意冷。他後悔當初不聽張良之勸，致有今日，不禁仰天長歎：「飛鳥盡，良弓藏；狡兔死，走狗烹；敵國滅，謀臣亡。現在天下大局已定，我也該遭殃了。」

不久，又有人藉機落井下石，誣告他欲謀反。於是，劉邦終於對他下了毒手，了卻了一大心事。

6 朱元璋「削棘」連殺四宰相

朱元璋當政時，共設過四個宰相。開國首相是左、右丞相徐達、李善長。徐達因常年帶兵在外，離開相位；李善長因朱元璋記恨他決事獨斷，藉故讓他退休。第三位是宰相汪廣洋，因不合他的心意而被貶。胡唯庸是繼後的第四位，也是最後一位宰相。朱元璋首先拿他開刀。

胡唯庸投奔朱元璋之後，在李善長手下做事，為人精明，以辦事幹練著稱。汪廣祥被貶後，經李善長推薦，任宰相。他在朝中拉攏親信，排除異己，貪賄好利，恣意弄權，引起了朱元璋的不滿和猜疑。朱下決心除掉他。

一三八〇年，御史中丞涂節告發胡唯庸意圖謀反。朱元璋立即下令逮捕胡唯庸，給胡扣上「謀反」罪名，將他處決，胡氏全家族誅。朱元璋還捏造罪證，把告發者涂節也一同斬首，藉以殺人滅口。

更毒辣的是，朱元璋還把與胡關係密切的人定為「胡黨」，以追查「胡黨」為藉口，把對皇家構成威脅者，不論是文武官員、大族地主，都或殺或抄家滅族。此案前後牽連誅殺者達三萬多人，其中包括國公、侯爵、大將多人，比如御史大夫陳寧、中丞涂節、吉安侯陸仲亨、延安侯唐勝宗、平涼侯費聚、南雄侯趙庸、滎陽侯鄭遇春、宜春侯黃彬、河南侯陸聚、宣德侯金朝興、靖寧侯葉星期、忠國公鄧鎮、濟寧侯顧敬、臨江侯陳鏞、淮安侯華中，以及大將毛驤、丁玉等。

十年後，李善長也被定為胡黨，全家被殺七十多口。為了掩蓋他殘殺有功之臣的面目，朱元璋下旨把上述人員刻成《昭示奸黨錄》。廣為散發，以平息眾怨。

李善長在隨朱元璋征戰中，以多謀善斷著稱。他隨軍參謀策劃、組織指揮作戰和後勤供應，屢建奇勳。開國初，組織制定法規制度、宗廟禮儀，與朱元璋的關係如魚水一般，朱把他比作漢初蕭何，稱他為「功臣之首」，任他為開國之後的首任丞相。

但朱元璋一旦登基，貴為天子，對李的態度大變。李善長仍按往常慣例，幫他處理政事。只是，過去被稱讚為「處事果斷」，現在轉斥為「獨斷專行」。過去朱特許李對疑難大事先處理後奏，讚其「為朕分憂」，現在則說他「目無皇上」。朱元璋對李善長功高權大，產生了疑忌之心。但考慮到李善長功高望重，輕舉妄動恐生不測之憂，就採取又打又拉，伺機清除的伎倆。

一打——李善長察覺到皇上對他的猜忌。一連幾天，他因患病沒有上朝，於是藉機上了個奏章，對不能上朝一事請罪，並提出致仕（退休）的要求，察看朱元璋對自己的態度。按慣例，朱元璋應下旨慰問，挽留。但是，這一次，他竟來個順手推舟，隨即批准了李善長退休之請，毫不費力地把李善長趕出了相位。

二拉——因免去李善長的相位，不少人心中暗罵朱元璋寡情毒辣。為了籠絡人心，安撫李善長，朱元璋把自己的女兒臨安公主下嫁給李善長的兒子李祺為妻，朱、李兩家成了親戚。真是又想當婊子，又想立牌坊，充分表現出朱元璋的奸詐。

三殺——胡案蔓延十多年，誅殺官員一批又一批。朱元璋知道胡唯庸與李善長之弟李存義兩家是姻親，胡李兩家關係密切。湊巧，在繼續審查胡案中，又發現李存義及其子參與了活動。朱元璋眼前突然一亮：「你李善長不會不知道吧……為什麼沒有舉報？」他想從這件事入手，除掉李善長。

更湊巧的是，這一年（一三九〇年），欽天監報告，天上有星變。占象者說，星變主折大臣，應殺大臣以應災，否則於皇帝不利。朱元璋心想：「李善長啊，看來，不能不殺你了！」於是以李知胡謀反不舉報，「狐疑觀望」，「大逆不道」為名，把李善長妻、女、弟、侄一家七十多人殺害。李善長這位77歲的老人以一根繩子結束了生命。

汪廣洋是於洪武四年（一三七一年）擔任宰相。他兩次入相，一次遭貶，一次被殺。

汪廣洋原在朱元璋帥府中任參謀和祕書職務，以謹慎小心、善理繁雜事務為朱元璋所讚賞。讓他接替李善長，擔任相職，朱元璋正是為了利用他的特長。任宰相後，他仰朱元璋之鼻息，竭力疏遠李善長，深得朱元璋稱讚。他看到了李善長處事專斷招致的後果，所以辦事分外謹慎，事無巨細，皆向朱元璋請示，從不自作主張。朱元璋卻感到平添了許多麻煩，因而十分懊惱。甚至又想起了李善長的好處。加上相府辦事人員多是李善長的班底，汪廣洋辦事非常不順利，整整三年，政績平平。朱元璋一氣之下，把他貶為廣東參政，由胡唯庸接任宰相。

但是，朱元璋對胡的處事恣肆、專斷很不滿，加上胡、李關係密切，更增加他的猜忌。他後悔不該趕走汪廣洋。汪廣洋遭貶後，對胡、李的排擠十分惱火，細心搜集材料，與人合作，彈劾李善長。這正合朱元璋的心意。為了抑制胡、李勢力，利用汪與胡、李的矛盾，他又把汪廣洋調回，再任宰相。

有一天，朱元璋召汪廣洋進宮，祕密詢問關於胡唯庸用樂毒死劉基的傳聞，以及胡、李來往的情況，以考驗汪廣洋對他的忠誠。汪廣洋回答：「對外面的傳聞，臣也有聽說，但多是謠言，沒有確鑿的證據！」他還勸告道：「皇上英明，對這些謠言不可輕信！」

朱元璋的如意算盤落了空。他沒想到汪廣洋竟然站在胡、李一邊，為他們辯護，一怒之下，就以庇護同夥，欺騙君主的「朋欺罪」。於一三七九年，再次將汪廣祥貶到廣西地區。如此發落之後，他餘恨未消，想到汪廣洋再次任相兩年來，沒有起到耳目作用，真是忘恩，罪不容誅！又想到自己連連換相，目的都沒有達到，真是又惱又羞，於是他立即下令，派專使下詔，賜死汪廣洋。專使日夜追趕，汪廣洋終被殺死在半路的船上。

徐達是朱元璋同村小時候放牛的夥伴，隨朱元璋數十年征戰，出生入死，立下赫赫戰功，位封左丞相、魏國公。此人有謀略，善用兵，謙恭有禮，很得人心。朱元璋對他貌似尊敬，實際上很不放心，經常藉機察看他的態度或暗中派人監視他的言行。胡案發生後，徐達正握重兵，鎮守北平。

洪武十七年（一三八四年），欽天監報告星變：太陰犯上將，主大將對主不利。朱元璋想到徐達，疑懼之心頓生。他擔心徐達在北平練兵，自己監管不便。不久，聽特工人員報告說，徐達生病。於是，朱元璋想以讓徐達回京治病為名，將徐達調離北平，離開軍隊。他派專使到北平宣旨：「皇上很關心將軍的病，念你勞苦功高，賜你回南京養病！」

徐達本想不回，又想到這位夥伴從來說一不二，疑心特重，不可因此事惹他猜疑。於是他乘船，坐車，一路風塵，回到南京。背疽因此加重了。

朱元璋知道背疽最忌吃蒸鵝，吃了蒸鵝，背疽便發，難以救治。他卻命御廚蒸鵝，派專使送給徐達。

徐達聽說使者奉旨前來，感動得熱淚盈眶，顧不得背疽疼痛，跪下接旨。當他聽到聖上賜他蒸鵝食用，心一下子冰涼了。他這才明白，朱元璋哪是讓他回京養病，是讓他回來送死！他回想起自己幾十年來隨朱元璋征戰，危難時刻為了救他，曾幾次捨出性命，經歷了刀叢劍樹，出生入死，如今落個如此下場，不禁淚流滿面。但他深知此鵝不能不吃，只好含著眼淚，當著使者的面吃下了蒸鵝，加上日夜氣惱，不幾天，他便背疽復發而死。

至此，朱元璋把他任命的宰相全部殺死。其後，他下令撤除中書省，永不再設宰相，只設六部，皇帝總攬大權。朱元璋還立下法規：「往後的皇帝，不准再設宰相。臣下有敢奏請設立者，論以極刑。」就這樣，他把獨裁專制推向了頂峰。

7 當斷則斷，李世民先發制人

唐高祖李淵的皇后生有四子：長子李建成，次子李世民，三子李玄霸（早亡，未及爭位），四子李元吉。在這四個兒子中，長子李建成因居長，被立為太子，為人也精明能幹。次子李世民被封為秦王。四子李元吉被封為齊王，也算勇武超人。不過，戰功最多、也最有謀略的，當數次子李世民。

太子李建成常隨父親駐守長安，幫助父親處理軍國政務。比起父親李淵，李建成在處理政務上也顯出了才幹。但與弟弟李世民相比，又有很大的不足。李世民南征北戰，為爭得唐朝的天下，統一中國，立下赫赫戰功，麾下雲集了一批文臣武將，在軍政各界享有很高的威望。不僅如此，他野心很大，不甘心做一個區區秦王，希望有朝一日能當皇帝。但是，氦照封建宗法制度，繼承皇位者只能是太子李建成。況且李建成也算功績卓著，且聚集了很強的武力。這樣，一場兄弟之爭就勢不可免。

首先是雙方各自積聚自己的勢力。李世民官居唐朝特設的「神策上將」，府中可謂人才濟濟，其中的十八學士，有的更名垂千古。房玄齡、杜如晦多謀善斷，成為一代名相；陸德明、孔穎達精通經學，為後人所敬仰；姚思廉擅長文史，虞世南以書法名世。其餘十二人也都是一時的才俊人傑。至於武將，秦王府兵精將猛，更是著名，如尉遲敬德、秦叔寶、程咬金等，個個有萬夫不當之勇。太子李建成也不甘示弱，文臣如魏徵，武將如薛萬徹等，也很著名，又招集了天下勇士兩千人作為王府衛士，其勢力總的看來，比秦王府更強。齊王李元吉在三兄弟中勢力最單薄，不足以與兩人爭衡，但他素以驍勇善戰著稱，與李建成聯合，共同對付李世民，大大增強了李建成的勢力。

還有一個不可忽視的層面，那就是唐高祖李淵支持太子李建成。這在社會輿論上對李世民很不利。但李世民在爭取人心方面一直比李淵和李建成做得好。如高祖武德七年（六二四年），頡利可汗從原州（寧夏固原）南侵，直逼關中。當時頡利兵勢很盛，李淵、李建成、李元吉等人怕無法阻擋，主張焚毀長安，遷都襄陽，並已準備付諸實施，派人出外查看地形。李世民卻堅決主張阻擊外敵，反對遷都，制止了李淵、李建成的苟安，保住了都城長安，也為唐朝的長治久安奠定了基礎。

從當時的表面形勢看，太子李建成處於優勢。這具體表現於三個方面：一、李建成是太子，名正言順，繼承皇位理所當然，社會輿論也多在他這一邊；二、李建成有李淵的支持，有權力和名義上有可靠的保障；三、李建成有較秦王府強的私人武裝。

不過，李世民也有他有利的條件，那就是他本人威望高，群眾基礎好，富有鬥爭經驗，才略出眾。更主要的是他的手下個個精明強幹又齊心合力。

兩兄弟勢成水火，李建成試圖先下手為強。他布置了第一次害死李世民的陰謀。一天下午，窗外雨聲淅瀝。李世民正臨窗聚精會神地閱讀兵書，忽有衛士進來報告，說太子派人送信前來。李世民拆開信一看，原來是太子請他前去赴宴。

當時，雙方的鬥爭已半公開化，秦王府的人素知太子詭計多端，就勸李世民不要赴宴，以免不測。但他認為雙方雖在爭奪皇位，還不至於兄弟相殘，就坦然前往。

到了太子府，李世民見太子和李元吉已恭候多時，筵席也準備得極為豐盛，氣氛並無異常，不像要發生什麼事的樣子，就放心地談笑吃喝起來。席間，李建成和李元吉交口稱讚秦王的功績和才能，頻頻舉杯勸酒。不料，李世民突然覺得兩腿發軟，頭暈目眩，立刻警覺起來。他想掙扎著站起來，卻一下子癱倒在地。

此時，窗外雨勢轉大，電閃雷鳴，狂風又吹滅了席上的蠟燭，席間更顯得陰森昏暗。齊王李元吉不知就裡，十分害怕，驚慌地問李建成該怎麼辦。李建成倒很鎮靜，把眼一瞪，喝斥道：「秦王身發暴疾，趕快送回府中！」

不知是李建成的毒藥不中用，還是李世民的抵抗力強，回到秦王府，灌了許多解毒藥，吐淨了腹內的酒飯，李世民竟然保全了一條命。

李世民突發暴疾，雖無確證是李建成下的毒藥，但司馬昭之心，路人皆知，實在是再明白不過的事。李淵知道了這件事，狠狠地訓斥了李建成一頓，但也未對他做出什麼處置。

李建成見一計不成，又生一計，只是方式比上一次巧妙些，但把握也減少了些。他說服太祖李淵去郊外打獵，並要幾個兒子一起陪同。李淵同意。父皇有命，李世民只得聽從。李建成特意派人挑選了一匹性情暴烈的馬。此馬稍遇刺激，便狂性大發。他想設法讓李世民騎上此馬，遇驚摔死。在圍獵場上，李世民果然上此馬，縱馬操弓，追趕麋鹿。沒想到欲烈馬狂性大發，控制不住，仰頸狂跳，亂甩亂搖，終於把李世民摔下馬背，摔出了一丈多遠，幸好只受了皮肉傷，並未摔死或受傷致殘。

李建成屢次使出毒計，都未能害死李世民，便決定釜底抽薪，瓦解李世民的將領和兵力。凡有調兵遣將，派兵出征的機會，他都派給秦王府上的將領，並屢設計謀，調秦王府的將軍接下外任。程咬金在打敗宋金剛和平定王世充的戰役中，勇敢善戰，身先士卒，多次斬將奪旗，建立奇功，被封為宿國公，是秦王府的得力幹將。李建成很怕程咬金，就利用經常同皇帝接近的機會，多次造程咬金的謠，促使李淵下詔，把程咬金調出秦王府，任康州刺史。但程咬金是一位剛貞倔強的將領，為了維護李世民的安全，他軟纏硬磨，花樣百出，不斷拖延時間，就是不肯離開秦王府。

對於無法調動的將領，李建成就行收買之策。尉遲恭是一員驍將，也是李世民一手提拔培養出來的將領，膂力過人，勇猛善戰。李建成曾送給他一車金銀珠寶，被他拒收，並向李世民做了報告。李建成的其它許多收買活動也沒有成功。

李世民當然不可能任人宰割，他也在積極地儲備力量。武德九年（六二六年），他曾派將領帶兵一千餘人，拉著許多金銀財寶到東都一帶，私下結交亮俊之士，引為外援。他也採取收買的手段拉攏李建成的人，把原來屬於李建成的得力人士常何與敬弘爭取過來，使防守宮城門戶的要職在暗中轉到他這邊。

兄弟火拼已迫在眉睫，李世民不敢遲緩，召集王府的人召開緊急會議，商量如何對付目前的局勢。武德九年六月三日晚，秦王府戒備森嚴，衛士環列王府內外，閒雜人等一律不得通行。殿內燈火通明，諸文臣武將排列兩邊。秦王李世民偕同長孫無忌走進殿內，身後不遠處跟著兩個穿著道袍的陌生人。衛士過來阻攔。秦王揮揮手，要衛士放他們進來。

原來，這兩個穿道袍的人是房玄齡和杜如晦裝扮。為了不惹太子府上的人注意，他們才故意掩蓋自己的本來面目。

會議上，房玄齡率先發言：「太子和齊王已有兩次謀害秦王，秦王也差點被他們害死。目前，他們正加緊策劃，準備再施毒手。一旦事情有變，不僅秦王性命危險，社稷也會遭到災難。俗語說得好：『當斷不斷，自取其亂。』現在箭在弦上，不得不發，在這生死存亡的關頭，應該以果斷的措施消除禍亂。」

房玄齡的話激起了與會者的共鳴，大家紛紛附議。

李世民說：「這樣勸我的人已經很多，可我很不想同胞相殘！難道沒有其它辦法嗎？最好能避免流血！」

尉遲恭脾氣暴躁，怒氣沖沖地說：「秦王身邊的人越來越少，就剩我們幾個了，太子還不肯罷休，最近又在皇上面前耍陰謀，說我會打仗，要我率部跟他出征。我果真隨征，他必定馬上殺我的頭。先發制人，後發為人所制！請秦王快下決心！」

正在這時，衛士報告，東宮官員王晊求見。待秦王會見過王晊，原來猶豫不決的心情變得堅決了。他對大家說：「太子又生惡念。剛才王晊前來報告，說太子已和齊王計議好，最近齊王奉命出征，他們要借替齊王餞行的機會，在席間殺我。」

長孫無忌：「王晊素來辦事謹慎又深明大義，他報告的情況一定不會錯！」

房玄齡：「現在大禍迫在眉睫，不能對太子再抱幻想，否則必致覆滅！」

李世民還是下不了決心，態度猶豫。

尉遲恭耐不住了，憤聲道：「秦王若不下決心，那就讓我離開秦王府吧！我寧願上山落草為寇，也不願被太子抓去殺頭！」

其他人也附和：「如果秦王不當機立斷，我們情願跟尉遲恭一起去當土匪！」

情勢如此，李世民被迫做出決定。他歎了一口氣，對大家說：「既然事已至此，只有按大家的意思去辦了！」

接下來就是部署具體的行動方案。這一次會議直開到下半夜才結束。

當夜，繁星滿天，萬籟俱寂，士兵行動的聲音打破了沈沈的夜空。秦王騎著馬，率領部下進入玄武門。玄武門內外，共埋伏了一千多名秦王府衛士。

玄武門是宮城的北門。由於唐朝的宮城在都城北面，北門也就是保衛皇宮的主要所在，占據了北門，就等於抓住了皇帝，可以假借皇帝的名義發布命令，使自己處於合法的地位。

第二天（六月四日）上午，日上三竿之時，太子和齊王並馬而來，身後跟了許多衛士。李建成根本不知道守衛玄武門的將領常何已投向李世民，還是像往常一樣，毫無戒備地經過玄武門，進入皇宮去見唐高祖。常何等太子和齊王走遠了，立即緊緊關閉玄武門，堵斷了可能出現的外援。

太子和齊王來到臨湖殿前，下馬登殿，忽然發現殿角有埋伏的士兵，心知有異，立即警覺起來。他扯了一下齊王的衣袖，飛奔下殿，上馬往玄武門奔逃。這時，伏兵盡起。李世民親手射殺了太子李建成，尉遲恭射殺了齊王李元吉。其餘太子和齊王的衛士也被趕殺淨盡。

這時，東宮和齊王府已得到消息，太子的將領馮翊和馮立率兩千餘騎趕到玄武門。玄武門守將常何拒不開門。太子的衛士仗著人多勢眾，奮力攻打。但由於城門既高大，守得又頑強，所以久攻不下。副護軍薛萬徹見攻門無效，就調轉馬頭，想揮兵攻打秦王府。在這危急關頭，尉遲恭用長矛挑著太子的頭跑出玄武門，向太子的將士喊話：「奉皇上的命令，誅殺太子和齊王。現太子和齊王均已伏法，餘者無罪，只要放下武器，不僅保證生命安全，願意歸附者一律保持原職不動。」

太子的將士見到太子的頭顱，無不呆若木雞，大多數人棄戈投降。只有薛萬徹不肯歸附，帶著少數人衝殺。李世民命放他一條生路，讓他奔終南山而去。

謝方叔極其忠於太子，見太子頭顱高懸，兵眾散盡，伏地大哭。李世民不僅赦他無罪，還嘉其忠誠，好言勸慰。

就這樣，太子李建成和齊王李元吉的多次蓄謀化為泡影，在秦王李世民的有力一擊之下，身首異處，灰飛煙滅了。

李淵見事已至此，再去斥責李世民已毫無意義，弄得不好，甚至自己也可能身陷險境，就乾脆封秦王李世民為太子，聽憑李世民對建成、元吉斬草除根，抄殺滿門。過不多久，他便激流勇退，把皇帝的大位讓給了李世民。

8 以硬對硬，一步到位

武則天當上女皇之後，以強硬的手段培植親信，排斥異己。在唐代皇帝中，她是誅殺大臣最多的一個。就連自己的親生兒女，她也敢殺敢罰，從不手軟。對自己的宗戚、親信，她則往往給予一步到位的提拔、重用。尤其是對與自己有曖昧關係的大臣張易之、張昌宗兄弟，不僅任其勢傾朝野，為所欲為，就是在違法當斬時，她也敢拼了老臉，從公堂，甚至監獄中把他們特赦出來，日夜相伴。

面對武則天的強硬政策，李家宗戚顯得軟弱退讓，毫無反抗的勇氣和決心，結果屢屢成為刀下之鬼。武則天的兒子李顯、李旦，更是懦弱，即使已登皇帝之位，也甘願讓出皇權，由武則天執掌，不敢出一聲為自己辯白。一批效忠於李唐的大臣，其中雖也偶有個把敢說敢為的人，然而獨木難支，無不死於武則天的硬手腕和眾大臣的軟功夫之中。這樣，本來只想稍稍嘗一嘗女皇滋味的武則天，以硬對軟，一屁股坐到龍椅上面，竟一坐就是十五年，穩如泰山。而且她為所欲為，言出必行，其權威更勝於大部分男性皇帝。

武則天當權至二十二年時（七〇五年），以宰相張柬之為首的強硬派決定以強對強，用強硬的手段逼迫武則天讓位給太子李顯，重新恢復李姓天下。

張柬之沈厚有謀，果斷敢行，雖年已80有餘，但復唐的雄心須臾不忘。早年任合州刺史時，他與荊州長史楊元琰一同泛舟，便相互約定：「他日你我得志，當彼此相助，同圖匡復。」不久，張柬之入朝為相，立即推薦楊元琰為御林軍將軍，控制京城軍權。同時又陰結一些要害部門，伺機起事。

當時武則天病篤，張易之、張昌宗兩兄弟怕武則天去世，自己無法生存，所以也在居中用事，暗蓄異謀。張柬之以為時機已至，不能再緩，於是又把同道桓彥範等都安插到御林軍中當將軍，直接控制保衛皇宮的禁軍。

諸事安排停當，他便率左右御林軍五百餘人直入玄武門，並派人強行從東宮找來膽怯疑懼的太子李顯，一起斬關突入內殿。二張聽到風聲，慌忙從武則天房裡跑出來探聽情況，恰被張柬之碰上就即令她地處斬。然後直奔武則天的寢室長生殿。殿前侍衛環立拒進。張柬之鬚眉倒豎，喝聲「退下」，大踏步帶兵敲響了臥室的大門。

武則天聽到人聲雜沓，竭力撐起身子，厲聲喝問。「何人膽敢作亂？」

張柬之帶著太子擁到床前，齊聲道：「張易之、張昌宗謀反，臣等奉太子令，入誅二逆。恐致漏世，故不敢預聞……」武則天仍以一貫的強硬態度，對太子怒目吼道：「汝敢為此嗎？但二子既誅，可速還東宮！」

張柬之等以硬對硬，大聲道：「太子不可再返東宮。以前天皇高宗以愛子托給陛下，現太子年已長，天意人心，久歸太子，臣等不忘太宗、天皇厚恩，故奉太子誅賊。願陛下即傳位太子，上順天心，下孚民望。」

武則天實不甘心女皇的威風就此熄滅，當然不願馬上傳位。沒料到自己強硬，對手卻更強硬，大有不成功便成仁之勢。又見人勢洶洶，刀光閃閃，她也只能一下子軟癱下來，口中說：「罷罷！」身子已重新縮進床裡邊去了。

第二天，張柬之等毫不偷閒，把異己分子或捕或殺，乾淨利落地消除後患，然後讓太平公主直接找武則天，勸其傳位。不多時，唐中宗李顯重定，真正掌握了國政。

顯然，對於像武則天這樣敢作敢為，言出不二，尤其是在十五年中以強硬態度控制朝政，得心應手的人，如採用軟弱退讓的手法，只能使她更加強硬，更加為所欲為。在這場爭取皇位的權力鬥爭中，以張柬之為首的一幫人，一改太子等一味妥協忍讓的做法，果斷用強，絕不手軟、絕不講情面，從而一步到位，取得了復唐的成功。應該說，張柬之「以硬對硬，一步到位」的做法，在當時是最為明智的。

但張柬之的做法尚缺乏徹底性。當時，有人勸他殺掉佞臣武三思，他沒有採納。最後，他死於武三思之手，留下了千古遺憾。

9 武則天以酷制酷

武則天從徐敬業叛亂中吸取了教訓：一是她耳目猶有不靈之處；一是宗室諸王勢力的存在，是對她的潛在威脅。為了使自己耳聰目明，及時掌握政敵的動向，掃蕩諸王勢力，她施用了鼓勵告密和任用酷吏的權宜之計。

她下令，無論什麼人，都可以到京城面見皇帝，告發謀反者。凡是告密之事，任何人不得盤查攔；外地來京告密者，官府供給駿馬，沿途享受五品官的待遇，到京後可住官家客館。告密周實，破格提拔，授給官職；對不實者也不予追究。於是各地告密者蜂擁而至。有一個叫魚保家的人向朝廷獻策，請鑄銅匭，放在朝堂之上，四面各開一口，可進不可出。這樣一來，告密者日益增多，積案如山。武則天從告密者中選拔了一批新官，專門負責告密案件的處理。這些人多出身無賴，狡詐殘忍，慣於陷害無辜，是一幫殺人不眨眼的劊子手，使用異常殘酷的手段，幫助武則天鎮壓異己。

武則天借助於告密與酷吏，掃蕩了唐宗室諸勢力。垂拱四年（六八八年），越王李貞、琅耶王李衝父子打起「匡復李唐王室」的旗號，自博州起兵反叛，並聯絡諸王起兵相助。諸王因各懷心事，沒有回應，結果李貞父子兵敗身死。武則天藉機派酷吏周興負類追查餘黨。周興羅織罪名，很快就把韓王李元嘉、魯王李靈夔、黃公譔、常樂長公主等拘捕至東都，逼令自盡。高宗之孫東莞公李融及霍王之子江都王李緒，被斬於市。霍王李元軌因有戰功而免死，囚入檻車，流放途中死去。太宗第十子紀王李慎也死在流放途中。永昌元年（六八九年），殺死蔣王李惲、道王李元慶、徐王李元禮、曹王李明。天授元年（六九〇年），酷吏周興密告澤王李上金、許王李素節謀反，致使二王及其親信全被處死。同年又殺了豫王李查。接著又殺了南安王李穎等宗室子弟十二人，原太子李賢的兩個兒子也被打死。至此，唐宗室子弟幾乎被斬盡殺絕，還殺了他們的親戚、同黨數百家。

道路已經掃平，人心已經歸向。天授元年（六九〇年）九月，武則天終於登上皇帝的寶座，改國號為周，自號聖神皇帝。

告密和酷吏的橫行肆虐，造成了小人鑽營，世風敗壞，人心惶惶，冤獄遍地，怨聲載道。武則天認識到，這權宜之計使命既已完成，該是收場的時候了。於是，為了安定民心，穩定政局，她下令限制告密，並向酷吏開刀。酷吏周興善於製造「謀反」罪。他草菅人命，殘害無辜，殺人數千，惡貫滿盈，朝野上下無不恨之入骨。正在他橫行得意之時，有人告發他「謀反」。武則天令酷吏來俊臣審理此案。

來俊臣深知周興老奸巨猾，詭計多端，不好對付，便想出一計，要讓他痛痛快快地招認。他派人將周興請至家中飲酒。席間，他問道：「罪犯不肯認罪，應當採取什麼辦法？」周興回道：「這事容易。拿來一個大甕，四周燃起炭火，把囚犯裝入甕中，還怕他不認罪嗎？」來俊臣於是叫人抬過一口大甕，按周興說的辦法，用炭火圍住燒烤，然後站起身來對周興說：「有人告你謀反，宮裡命令，叫我審訊老兄。就請老兄入甕吧！」周興恍然大悟，只好叩頭認罪。來俊臣將周興押至宮中。武則天看在他為自己出過力的面上，判處流刑，解送嶺南。剛到半路，周興就被仇人殺死。

來俊臣同周興一樣，也是一個靠告密起家的酷吏。周興之死，並未引起他的警覺，他的氣焰還是很囂元壽元年（六九二年），他又以「謀反」罪誣陷當朝宰相狄仁傑、御史中丞魏元忠等七位大臣。他哪知這，這時武則天已與以前大不相同，對告密並不那麼熱衷。況且又遇上足智多謀的狄仁傑，使他的誣陷破了產。神功元年（六九七年），有人反過來告發來俊臣謀反，武則天為此將他斬首於西市。消息傳出，人人拍手稱快，仇家蜂擁而至，爭著割他的肉，挖他的眼，掏他的心，踏他的骨。

武則天借酷吏之手，為她掃蕩了政敵，又借酷吏之手，剷除了酷吏，而今又借用酷吏的頭，穩定了民心，清洗了自身。其權謀手段可謂高明之極。

國家圖書館出版品預行編目資料

成功的哲學／方東野／著 -- 初版 -- 新北市：
新潮社文化事業有限公司， 2022.08
面； 公分
ISBN 978-986-316-839-3（平裝）
1.CST：成功法

177.2 111007863

成功的哲學

方東野／著

【策 劃】林郁
【製 作】天蠍座文創
【出 版】新潮社文化事業有限公司
電話：(02) 8666-5711
傳真：(02) 8666-5833
E-mail：service@xcsbook.com.tw

【總經銷】創智文化有限公司
新北市土城區忠承路89號6F（永寧科技園區）
電話：(02) 2268-3489
傳真：(02) 2269-6560

印前作業 東豪印刷事業有限公司

初 版 2022年8月